前《まえ》島《じま》密《ひそか》

郵《ゆう》便《びん》で日本の人びとをつなぐ

鈴木悦子・文

伝記を読もう

もくじ

はじめに

みなさんは、手紙や絵はがきなどを出すときに、切手をはりますね。郵便局《ゆうびんきょく》に行くと、いろいろな値段《ねだん》、いろいろな絵柄《えがら》の切手が用意されていますが、一円の切手があることを知っていますか？　この一円切手にのっている人物が、「郵便《ゆうびん》の父」といわれた前島密《まえじまひそか》です。

江戸《えど》時代の終わりに、越後《えちご》（いまの新潟県《にいがたけん》）の農家に生まれた前島密は、十二歳《さい》のとき、医学を志《こころざ》してひとりで江戸《えど》に行き、苦しい生活のなか、医学や兵学《へいがく》を学びました。

そのころ、江戸湾《えどわん》にアメリカの大きな軍艦《ぐんかん》が来航《らいこう》し、現地《げんち》に見に行った密は、西洋の進んだ文明や、日本との国力の差《さ》におどろきました。そして、これからは西洋の知識《ちしき》や技術《ぎじゅつ》を身につけなければならないと決意し、日本中を旅して航海術《こうかいじゅつ》や西洋砲術《ほうじゅつ》、英語《えいご》を学びました。また旅先からの手紙が相手に届《とど》かなかった経験《けいけん》から、これまでの飛脚《ひきゃく》にかわって全国をむすぶ郵便制度《ゆうびんせいど》が必要《ひつよう》だと実感しました。

その後、明治政府《めいじせいふ》の役人になった密は、イギリスにわたって近代的《きんだいてき》な郵便制度《ゆうびんせいど》を学び、すべての人が平等に利用《りよう》でき、全国どこにでもとどく郵便制度《ゆうびんせいど》を、日本で初《はじ》めてつくりました。

郵便《ゆうびん》だけではありません。密は、日本の近代化に必要《ひつよう》な鉄道、運送、新聞・教育・電信《でんしん》・電話の発展《はってん》にも大きな役割《やくわり》をはたし、人々《ひとびと》から「日本文明の一大恩人《おんじん》」といわれたのです。

それでは、前島密《まえじまひそか》の高い志《こころざし》と、なしとげた仕事を見ていきましょう。

一　学びへのあこがれ

「房五郎《ふさごろう》、きょうは越後《えちご》の英雄《えいゆう》・上杉謙信《うえすぎけんしん》の物語をお話ししましょう。」

「はい、母上。」

「この錦絵《にしきえ》を見てごらん。」

「強そうな武将《ぶしょう》だな。」

この四歳《さい》の子どもが上野房五郎《うえのふさごろう》、のちの前島密《まえじまひそか》です。越後国《えちごのくに》（いまの新潟県《にいがた》）の農村の小さな家で母と二人で暮《く》らしていました。生活は苦しく、本を買うお金もなかったので、英雄《えいゆう》物語を描《えが》いた古い錦絵《にしきえ》を見せながら、母が語り聞かせて、歴史《れきし》を教えたり、人としての生き方を教えたりしていたのです。

前島密《まえじまひそか》は、三度名前を変《か》えています。子どものころは上野房五郎《うえのふさごろう》、大人になってから巻退蔵《まきたいぞう》、そして前島来輔《まえじまらいすけ》、最後《さいご》に前島密《まえじまひそか》という名前になりました。

それでは、房五郎《ふさごろう》が生まれたときからどんな人生を送ったかお話ししましょう。


房五郎《ふさごろう》が生まれたのは、江戸《えど》時代後期の一八三五（天保《てんぽう》六）年。越後《えちごの》国《くに》の下池部《しもいけべ》村（いまの新潟《にいがた》県上越《じょうえつ》市）の上野助右衛門《すけえもん》の次男として誕生《たんじょう》しました。上野《うえの》家は三百年あまりの歴史《れきし》をもつ豊《ゆた》かな農家です。父は、「論語《ろんご》」を愛読《あいどく》する学問好《ず》きの人で、母・ていは、高田藩《たかだはん》（いまの上越《じょうえつ》市）の上級武士《ぶし》の家に育ちました。父は前の妻《つま》との間に長男・又右衛門《またえもん》と娘《むすめ》二人がいました。房五郎《ふさごろう》にとっては、兄と姉にあたります。

ところが房五郎《ふさごろう》が生まれてから七か月後、父が病気で亡《な》くなりました。

「これからは暮《く》らしも大変《たいへん》になるから、わたしたちはここを出て、実家のある高田《たかだ》に移《うつ》りましょう。」

「わかりました。」

房五郎《ふさごろう》はいつも母の気持ちのわかる、やさしい子でした。

高田城《たかだじょう》の近くに移《うつ》り住んだ二人でしたが、実家からは生活の支援《しえん》を受けることができず、母が裁縫《さいほう》などの内職《ないしょく》で暮《く》らしをたてながら、女手ひとつで四歳《さい》になる房五郎《ふさごろう》を養《やしな》いました。

貧《まず》しい暮《く》らしのなかにあっても、武家《ぶけ》育ちで教養《きょうよう》のある母は、房五郎《ふさごろう》の教育だけはしっかりしなければいけないと、毎日、自分流のやり方で熱心《ねっしん》に教育していたのです。

房五郎《ふさごろう》が七歳《さい》のとき、母の弟・相沢文仲《あいざわぶんちゅう》が突然《とつぜん》たずねてきました。

文仲《ぶんちゅう》は、糸魚川藩《いといがわはん》（いまの新潟県糸魚川市《にいがたけんいといがわし》）の名医である相沢《あいざわ》家の養《よう》子《し》となり、紀州《きしゅう》（いまの和歌山県《わかやまけん》）の華岡青洲《はなおかせいしゅう》についてオランダ式の外《げ》科《か》を学んだ、評判《ひょうばん》の高い医者でした。華岡青洲《はなおかせいしゅう》といえば、世界で初《はじ》めて全身麻酔《ますい》を用いた外科《げか》手術《しゅじゅつ》を成功《せいこう》させたことで、その名が日本中に知れわたっていました。

「姉上、生活が苦しいなら、房五郎《ふさごろう》といっしょに糸魚川《いといがわ》に来ませんか。」

文仲《ぶんちゅう》が話を切り出しました。

「房五郎《ふさごろう》に医学を学ばせて、将来《しょうらい》はわたしのあと継《つ》ぎにしたいと思っているんですよ。」

「医学を学ばせていただけるなんて、願《ねが》ってもないことです。」

母は喜《よろこ》び、房五郎《ふさごろう》といっしょに、糸魚川《いといがわ》の相沢《あいざわ》家に移住《いじゅう》しました。

糸魚川《いといがわ》は大きな城下町《じょうかまち》で、日本海に面した良港《りょうこう》として商業が栄《さか》えていました。しかし糸魚川藩《いといがわはん》には藩校《はんこう》（藩《はん》の学校）はなく、学ぶ環境《かんきょう》が整っているとはいえませんでした。そこで房五郎《ふさごろう》は、ある医者のもとに通い、漢方医学の古典《こてん》を素読《そどく》で学びました。素読《そどく》とは古典《こてん》を音読して暗記することです。

おじの文仲《ぶんちゅう》からは、医者の仕事を手伝《てつだ》うようにいわれました。

「房五郎《ふさごろう》、家にいるときは、薬剤《やくざい》の調合や患者《かんじゃ》のあつかいを覚《おぼ》えなさい。」

「はい、おじ上。」

房五郎《ふさごろう》は、薬剤《やくざい》の調合を見よう見まねで覚《おぼ》えました。このときの経験《けいけん》がのちの学びに大いに役立ちました。

糸魚川《いといがわ》で房五郎《ふさごろう》に影響《えいきょう》をあたえたのが竹島穀山《たけしまこくざん》です。穀山《こくざん》は藩《はん》の重役で、学問、武芸《ぶげい》だけでなく、書画、点茶、生《い》け花《ばな》にもひいでた人物でした。穀山《こくざん》は、利発《りはつ》な房五郎《ふさごろう》をかわいがり、ひまがあればいっしょに山野を歩いて、漢詩や俳句《はいく》のつくりかたを教えました。房五郎《ふさごろう》は句会《くかい》の手伝《てつだ》いをするうちに、知らず知らずのうちに俳句《はいく》のつくりかたを身につけました。

ある日、句会《くかい》に向かうとちゅう、房五郎《ふさごろう》は夕暮《ゆうぐ》れの枯木《かれき》にさびしげに鴉《からす》がとまる情景《じょうけい》を見て

夕鴉《ゆうがらす》　しょんぼりとまる　冬木立《ふゆこだち》

と一句《いっく》よみ、句会《くかい》で発表すると、大いにほめられて賞品《しょうひん》までもらいました。

急いで帰宅《きたく》した房五郎《ふさごろう》は、喜《よろこ》びいさんで母に報告《ほうこく》します。

「母上、喜《よろこ》んでください。わたしの句《く》がみなさまからほめられました。」

ところが母は、喜《よろこ》ぶどころかきびしい顔で

「房五郎《ふさごろう》、思いあがってはいけません。世の中には、幼《おさな》いころ人にほめられて、自分の才能《さいのう》におぼれてしまい大成《たいせい》しなかった人が多いのです。あなたもそうなるのではないかと思うと、とても心配です。将来《しょうらい》をあやまることがないように。」

と、きつく房五郎《ふさごろう》の思いあがりをたしなめました。

この言葉を、房五郎《ふさごろう》は生涯《しょうがい》のいましめにしたといいます。

そして糸魚川《いといがわ》で四年の月日が流れました。

あるとき、房五郎《ふさごろう》は高田《たかだ》で塾《じゅく》を開いている倉石侗窩《くらいしとうか》という人物の評判《ひょうばん》を聞きました。

「倉石侗窩《くらいしとうか》という人は、江戸《えど》で儒学《じゅがく》*を学んだえらい儒学者《じゅがくしゃ》だそうだ。」

「長沼流《ながぬま》の兵学《へいがく》もきわめ、文武《ぶんぶ》両道にひいでた人物で、塾《じゅく》を開いて武士《ぶし》や庶民《しょみん》の区別《くべつ》なく教えてくれるそうだ。」

これを聞いた房五郎《ふさごろう》は、さっそく母に話しました。

「母上、わたしは高田《たかだ》の倉石侗窩《くらいしとうか》先生の塾《じゅく》に入門して儒学《じゅがく》を学びとうございます。儒学《じゅがく》はすべての学問の基礎《きそ》です。」

母は、房五郎《ふさごろう》が自ら学びたいといったことをとても喜《よろこ》び、賛成《さんせい》してくれました。

*儒学《じゅがく》　中国の孔子《こうし》に始まる教えで，個人《こじん》の道徳《どうとく》と社会の理想を説《と》く学問。

「父親がなく母親ひとりの手で育てられたことを悪く言われないように、しっかり勉学にはげむのですよ。」

母ひとり子ひとりで育ったわが息子《むすこ》が、自分のもとから巣立《すだ》っていくことに涙《なみだ》が止まりませんでした。そんな母の思いが身にしみて、房五郎《ふさごろう》も涙《なみだ》をこらえていました。

一八四五（弘化《こうか》二）年、房五郎《ふさごろう》ははじめて母のもとを離《はな》れて、冷《つめ》たい雨の降《ふ》るなか、老僕《ろうぼく》（じいや）と二人で高田《たかだ》に向かいました。翌日《よくじつ》、高《たか》田《だ》に入り、おじの伊藤源之丞《いとうげんのじょう》の屋敷《やしき》に到着《とうちゃく》しました。伊藤《いとう》家は倉石塾《くらいしじゅく》にも近く、ここから塾《じゅく》に通おうと思ったのです。

ところが、伊藤《いとう》家のよそよそしい対応《たいおう》から、房五郎《ふさごろう》は、自分が喜《よろこ》ばれていないことに気づきました。おじの息子《むすこ》の文徳《ぶんとく》は糸魚川《いといがわ》の相沢《あいざわ》家に預《あず》けたままなのに、なぜ房五郎《ふさごろう》の世話をしなければならないのかと、文徳《ぶんとく》の母が面白《おもしろ》くなかったのです。

それを察《さっ》した房五郎《ふさごろう》は、迷惑《めいわく》になることをさけて、兄が住む下池部村《しもいけべ》の生家から通うことにしました。

「おじ上、わたしは兄の家から塾《じゅく》に通おうと思います。」

「そうしてくれるかい。」

おじもほっとしたようすでした。

下池部村《しもいけべ》の生家では兄・又右衛門《またえもん》が喜《よろこ》んで迎《むか》えてくれました。しかし、塾《じゅく》に通うには*二里《にり》の道を往復《おうふく》しなければなりません。しかも高田《たかだ》は、冬になると雪が屋根まで達《たっ》する豪雪地帯《ごうせつちたい》です。しかし、苦しい生活を乗り越《こ》えてきた房五郎《ふさごろう》ですから、そんなことは気にせず、二年半の間、しんぼう強く塾《じゅく》に通いつめました。

倉石塾《くらいしじゅく》では、「論語《ろんご》」「孟子《もうし》」「大学」「中庸《ちゅうよう》」の四書《ししょ》と呼《よ》ばれる儒学《じゅがく》の古典《こてん》などをしっかり学ぶとともに、兵学《へいがく》の基本《きほん》も学びました。これが房《ふさ》

*二里　およそ8キロメートル

五郎《ごろう》の学びの基礎《きそ》となりました。

しかし、房五郎《ふさごろう》が最《もっと》も学びたかったのは医学でした。高田《たかだ》には漢方の医者はいましたが、西洋式の医学を教えられる医者はいませんでした。

「江戸《えど》には、蘭学《らんがく》というオランダ医学を学べる医者がいるそうだ。蘭学《らんがく》は、病気をなおすだけでなく、人の体の組織《そしき》を学ぶ解剖学《かいぼうがく》などの研究もするらしい。」

そこで房五郎《ふさごろう》は、すぐにでも蘭学《らんがく》の先生をさがして学びたいと考えました。

「そうだ、江戸《えど》に行こう。江戸《えど》に行けば蘭学《らんがく》が学べる。」

江戸《えど》に出ることを心に決め、さっそく兄に江戸《えど》に行く決意を語りました。

「兄さん、わたしが本当に学びたいのはオランダ医学です。しかし、ここにいては蘭学《らんがく》を学ぶことができません。江戸《えど》に出て蘭学《らんがく》を学ぶことをおゆるしください。」

「わたしは大賛成《だいさんせい》だよ。しかし、残念《ざんねん》だがそのための費用《ひよう》を用意することができないのだ。」

「いいえ。兄さんが、賛成《さんせい》してくれただけで、うれしいです。」

房五郎《ふさごろう》は、糸魚川《いといがわ》に帰り、母にも江戸《えど》へ行って学ぶ決意をつげました。

母はとても喜《よろこ》んでくれましたが、兄と同じで、学資《がくし》を用意できないことをなげきました。そして手持ちの少しの金を用意してくれて、気持ちをこめてこういいました。

「江戸《えど》に遊学する医学生のなかには、あんま*の仕事をしながら苦労《くろう》して学び大成《たいせい》した者があると聞きます。つらい仕事をしてでも、いったん決めたら前進しなさい。歩みをためらうことはありません。」

ふだんはやさしい母ですが、このときばかりは強い言葉で房五郎《ふさごろう》をは

*あんま　筋肉《きんにく》を手でもみほぐし、血行をよくして、つかれや肩《かた》こりなどをのぞく治療法《ちりょうほう》。また、それを仕事とする人。

げましました。母の言葉に背中《せなか》を押《お》されて、房五郎《ふさごろう》は江戸《えど》行きの意志《いし》をかためました。

二　ペリー来航《らいこう》で外国に目を向ける

一八四七（弘化《こうか》四）年、房五郎《ふさごろう》は江戸《えど》に着きました。十二歳《さい》の秋のことです。

「何日もかかってようやく江戸《えど》に着いたけれど、知り合いもいないし、誰《だれ》をたよったら良《よ》いものか。」

と、とほうにくれていました。

「そうだ。糸魚川藩《いといがわはん》の藩邸《はんてい》に行ってみよう。」

糸魚川藩主《いといがわはんしゅ》・松平直春《まつだいらなおはる》の屋敷《やしき》は、青山《あおやま》（いまの東京都渋谷区《とうきょうとしぶやく》）の郊外《こうがい》にありました。

「糸魚川藩《いといがわはん》の医家・相沢文仲《あいざわぶんちゅう》のゆかりの者です。江戸《えど》に蘭学《らんがく》を学びに来ました。有名な蘭学者《らんがくしゃ》をご紹介《しょうかい》いただけませんか。」

糸魚川《いといがわ》からはるばる江戸《えど》に来た少年が、いきなり蘭学者《らんがくしゃ》を紹介《しょうかい》してくれといっても、藩邸《はんてい》の役人たちは相手にしてくれませんでした。

房五郎《ふさごろう》が有名な蘭学《らんがく》者の名前を出して、どこに住んでいるか教えてくださいと聞いても、

「そんな名前は知らないなあ。」

と、ぶあいそうにことわられました。

「このままでは暮《く》らしていけない。働《はたら》き口を探《さが》さなければならない。医者や儒学者《じゅがくしゃ》で雇《やと》ってくれる人はいないかな。」

さいわい開業医・上坂良庵《かみさかりょうあん》を紹介《しょうかい》してもらい、*学僕《がくぼく》となることができました。しかし新入りの房五郎《ふさごろう》にあたえられた仕事は、薪割《まきわ》りや水くみなどの労働《ろうどう》ばかりで、何も教わることができないまま数か月が過《す》ぎました。

*学僕　師《し》の家や塾《じゅく》などに住みこみ、雑用《ざつよう》をしながら学問をする人。

年がかわって一八四八（嘉永元《かえい》）年の春、運良《うんよ》く幕府《ばくふ》の医者・添田玄《そえだげん》斎《さい》の薬を調合する薬室で働《はたら》くことになりました。といっても、実際《じっさい》には先生の助手や薬箱持ちの仕事でしたから、房五郎《ふさごろう》は不満《ふまん》でした。

やがて友人の紹介《しょうかい》で幕府《ばくふ》の医官《いかん》・長尾全庵《ながおぜんあん》に食客《しょっかく》として住みこむことになりました。食客《しょっかく》という身分は給料《きゅうりょう》がもらえないので、ときどき母から送られてくる衣服《いふく》をそのまま質《しち》に入れたり、転売したりして金に変《か》えなければなりませんでした。

「あいている時間で何か仕事をしなければ、生活してゆけない。」

そんなとき、運良《うんよ》く筆耕《ひっこう》の仕事が舞《ま》いこんできました。

筆耕《ひっこう》とは、本を書き写す仕事です。当時の本の多くは木版刷《もくはんず》りで部数が限《かぎ》られていたため、とても高価《こうか》でした。そこで本を書き写すことが必《ひつ》要《よう》でした。楽な仕事ではないのですが、医術《いじゅつ》や兵法《ひょうほう》の書物を書き写すことを通じて、とても勉強になるのです。

房五郎《ふさごろう》は、蘭書《らんしょ》（オランダの書物）の訳本《やくほん》の筆耕《ひっこう》をすすんで引き受け、収入《しゅうにゅう》を得《え》ながら西洋の事情《じじょう》を学ぶことができました。

なかでも房五郎《ふさごろう》の役に立ったのは、『三兵答古知幾《さんぺいたくちき》』です。『三兵答古知幾《さんぺいたくちき》』はオランダ語から日本語に訳《やく》された兵法書《ひょうほうしょ》です。

房五郎《ふさごろう》は、これを三回も筆写する機会《きかい》があったので、兵法《ひょうほう》や難《むずか》しい戦術《せんじゅつ》について深く理解《りかい》し、人に講義《こうぎ》ができるほどに覚《おぼ》えてしまいました。

房五郎《ふさごろう》が十八歳《さい》となった一八五三（嘉永六《かえい》）年、アメリカのペリー提督《ていとく》の率《ひき》いる黒船《くろふね》四隻《せき》が浦賀沖《うらがおき》（神奈川《かながわ》県）に来航《らいこう》して日本に開国をせまり、江戸《えど》中は大さわぎになりました。

「本物の軍艦《ぐんかん》や西洋の兵隊《へいたい》たちを、自分の目でたしかめたい。」

このころ、外国船が日本の沿岸《えんがん》をうろうろするようになり、外国から

米船渡来旧諸藩士固之図《べいせんとらいきゅうしょはんしかためのず》（部分）　東洲勝月《とうしゅうしょうげつ》　（1889 年）
明治になってからペリー来航《らいこう》のようすを描《か》いた作品
東京都江戸東京博物館所蔵　（Image: 東京都歴史文化財団イメージアーカイブ）

の侵入《しんにゅう》を防《ふせ》ぐこと（海防《かいぼう》）への関心《かんしん》が高まっていました。もちろん房五《ふさご》郎《ろう》の関心《かんしん》も外国へと向かっていきました。

「黒船《くろふね》の応接使《おうせつし》となった井戸石見守《いどいわみのかみ》さまが、供《とも》の者《もの》をやとうらしい。さっそく人を紹介《しょうかい》してくれる口入屋《くちいれや》にたのみにいこう。」

房五郎《ふさごろう》は武士《ぶし》の身なりをし、両刀を腰《こし》につけて口入屋《くちいれや》を訪《おとず》れました。

すると口入屋《くちいれや》は、

「両刀をはずして、お供《とも》の者《もの》の姿《すがた》に着替《きが》えて、どんな仕事にも文句《もんく》を言わないならば仕事を世話しましょう。」

こうして房五郎《ふさごろう》は、井戸《いど》家の供《とも》の者《もの》として浦賀《うらが》に同行できることになりました。

しばらくして、ペリー提督《ていとく》は将兵《しょうへい》を率《ひき》いて久里浜《くりはま》に上陸《じょうりく》しました。そして応接《おうせつ》使の井戸石見守《いどいわみのかみ》に大統領《だいとうりょう》の親書を手渡《てわた》し、来春、再《ふたた》び来航《らいこう》するといって去って行きました。

房五郎《ふさごろう》は、軍艦《ぐんかん》の姿《すがた》を自分の目でたしかめ、訓練《くんれん》の行き届《とど》いた将兵《しょうへい》の行進も間近に見ることができました。

「うわさどおり、真っ黒で日本の船の何倍もある大きな軍艦《ぐんかん》だ。船上には新式の砲台《ほうだい》があり、とてもかなう相手ではない。」

ペリーショックで心をゆすぶられた房五郎《ふさごろう》は、これからは外国に目を向けなければいけないと決意しました。

「日本も海防《かいぼう》のために何かしなければならない。わたしにできることはなんだろう。」

と、はやる心をおさえきれず、房五郎《ふさごろう》は任務《にんむ》も放り出して江戸《えど》にもどりました。

このころ幕府《ばくふ》は、大名《だいみょう》や旗本《はたもと》、諸藩士《しょはんし》や庶民《しょみん》にまで、黒船《くろふね》に対して良《よ》い案《あん》がないか、意見を求《もと》めていました。

「捕鯨船《ほげい》にのって艦隊《かんたい》を焼《や》きうちすべきという意見があるが、これはとるにたらない。しかし砲台《ほうだい》を建造《けんぞう》するにしても建造法《けんぞうほう》がわからないし、大砲《たいほう》の鋳造法《ちゅうぞうほう》もわからない。まずは必要《ひつよう》な知識《ちしき》や情報《じょうほう》を集めることだ。」

江戸《えど》や大坂《おおさか》（いまの大阪《おおさか》）を守るための砲台《ほうだい》を造《つく》るにしても、房五郎《ふさごろう》はまだ江戸湾《えどわん》の地形を知らないし、大坂《おおさか》には行ったことがありませんでした。

「そうだ、長崎《ながさき》に砲台《ほうだい》があると聞いたことがある。長崎《ながさき》へ行こう。そして筑前博多《ちくぜんはかた》や大坂《おおさか》など、西の各地《かくち》の港をめぐり歩いて地形を調べてから、どうやったら外国の軍艦《ぐんかん》から国を守ることができるか、意見書を出そう。旅費《りょひ》は足りないが、野宿すればいい。」

房五郎《ふさごろう》は、自分はまだ国や地方の実態《じったい》を何一つ知らないことに気づき、自分の目で確《たし》かめるために、旅に出る決意をしました。

三　新時代に必要《ひつよう》な英語《えいご》と航海術《こうかいじゅつ》を身につける

一八五四（嘉永《かえい》七）年の初《はじ》め、幕府《ばくふ》は再《ふたた》びやってきたペリーの開国の要求《ようきゅう》を拒否《きょひ》できず、アメリカと日米和親条約《にちべいわしんじょうやく》を結《むす》び、下田《しもだ》（いまの静岡《しずおか》県下田《しもだ》市）と箱館《はこだて》（いまの北海道函館《ほっかいどうはこだて》）を開港しました。

同じころ、房五郎《ふさごろう》は西日本各地《かくち》をめぐる旅に出発し、とちゅう、ふるさとの越後《えちご》に立ち寄《よ》りました。

「母上、兄上、いま、日本には海防《かいぼう》が必要《ひつよう》です。わたしは各地《かくち》の港や海岸を自分の目で見て回り、その知識《ちしき》をもとに、どのように国を守るべきか、お上《かみ》に意見書を出したいと思っています。」

母と兄は、房五郎《ふさごろう》の強い決意におどろきましたが、喜《よろこ》んでおうえんしてくれました。

この時代の長旅には危険《きけん》がつきものです。なにしろ当時は地図も持たず、船と徒歩《とほ》でたったひとりで各地《かくち》をめぐるのですから、何が起こるかわかりません。山賊《さんぞく》にあうなど命に関《かか》わる危険《きけん》もありますからこれが永遠《えいえん》の別《わか》れとなるかもしれません。親子は「水さかずき*」をかわして別《わか》れをおしみました。そして母はやさしくこう言いました。

「志《こころざし》をたてて旅立つのですから、死をおそれることはありません。でも健康《けんこう》だけは気をつけて。」

そして、こつこつとためたお金のすべてを、房五郎《ふさごろう》にわたしてくれました。

房五郎《ふさごろう》の旅は、北陸道《ほくりくどう》から山陰道《さんいんどう》をとおって下関《しものせき》に入り、船で小倉《こくら》に到着《とうちゃく》。そこから九州の北岸、西岸をとおって長崎《ながさき》に入り砲台《ほうだい》を見学しま

*水さかずき　二度と会えないかもしれない別《わか》れでは、水をさかずきに入れて飲みかわす。

した。

「砲台《ほうだい》とはこんなに大きなものなのか。江戸《えど》にも造《つく》らなければいけない。」

長崎《ながさき》をあとにして、肥後《ひご》（熊本県《くまもとけん》）、日向《ひゅうが》（宮崎県《みやざきけん》）をへて、船で四国へわたり、紀伊《きい》半島をめぐり、東海道をとおって伊豆下田《いずしもだ》へ。そこから船で江戸《えど》にもどりました。薩摩《さつま》（鹿児島県《かごしまけん》）や土佐《とさ》（高知県《こうちけん》）に行かなかったのは、藩境《はんざかい》を閉《と》ざして藩外《はんがい》の者を受け入れていなかったからです。

「藩《はん》の壁《かべ》があると、自由に行き来ができない。全国を自由に旅することができるようにしたいものだ。」

こうして西日本のおもな港や海岸を見て回りましたが、なにしろお金がありませんから、人家の軒先《のきさき》を借《か》りて休んだり、山の中で野宿をしたりして、大変《たいへん》な旅でした。人里はなれた場所での野宿は、野獣《やじゅう》におそわ

西日本周遊の旅で
訪《おとず》れた場所
郷里《きょうり》の越後《えちご》から下関《しものせき》までは、北陸道《ほくりくどう》と山陰道《さんいんどう》を通り、佐賀関《さがのせき》から伊予《いよ》へは船でわたるなどして、港や海岸をくまなく見て回った。
越後《えちご》
江戸《えど》
三河《みかわ》
伊勢《いせ》
下田《しもだ》
紀伊《きい》
讃岐《さぬき》
伊予《いよ》
下関《しものせき》
小倉《こくら》
佐賀関《さがのせき》
肥後《ひご》
日向《ひゅうが》
長崎《ながさき》
旧国名《きゅう》（現在《げんざい》の都道府県）
越後《えちご》（新潟県《にいがた》）
三河《みかわ》（愛知県《あいち》東部）
伊勢《いせ》（三重県《みえ》南部）
紀伊《きい》（和歌山県《わかやま》・三重県《みえ》）
讃岐《さぬき》（香川県《かがわ》）
伊予《いよ》（愛媛県《えひめ》）
肥後《ひご》（熊本県《くまもと》）
日向《ひゅうが》（宮崎県《みやざき》）

れないかと心配で、ねむれない夜もありました。そんなとき、房五郎《ふさごろう》は一つ良《よ》い方法《ほうほう》を思いつきました。横になるときに、線香《せんこう》に火をともして、頭と足と左右に数本立てると、獣《けもの》よけになって安心してねむれるようになったのです。こんなふうに苦労しながらも、なんとか旅をつづけました。

「日本の西半分の海岸はくまなく歩き、大きな港や湾《わん》はすべて見て回り勉強になった。」

この旅を通じて、各地《かくち》の状況《じょうきょう》を実際《じっさい》に見て知ることができたことは、房五郎《ふさごろう》の将来《しょうらい》にとって大きな宝《たから》となりました。

しかし、それだけの知識《ちしき》では、とても幕府《ばくふ》に海防《かいぼう》の意見を提案《ていあん》することはできないと自覚《じかく》し、「まだまだ学問が足りない。」とさとりました。

その後、縁《えん》あって、幕府《ばくふ》の海防掛《かいぼうがかり》の要職《ようしょく》についている岩瀬忠震《いわせただなり》と知り合った房五郎《ふさごろう》は、重大なことを教えてもらいました。

「これからは英語《えいご》の習得《しゅうとく》が重要《じゅうよう》だ。英語《えいご》はイギリスやアメリカの国語であるのみならず、広くアジアで通用する。イギリスは貿易《ぼうえき》も海軍《かいぐん》も強大で、諸国《しょこく》のトップにある国だ。」

英語《えいご》が大切という岩瀬《いわせ》の言葉に心を動かされた房五郎《ふさごろう》は、

「時代おくれとなった蘭学《らんがく》よりも、英学《えいがく》を習得《しゅうとく》しなければならない。」

と決心しました。

ところが、このころの江戸《えど》には、英語《えいご》を教えることのできる教師《きょうし》もいないし、英語《えいご》の書物を手に入れることも簡単《かんたん》ではありません。

そこで房五郎《ふさごろう》は、まずは海防《かいぼう》に必要《ひつよう》な西洋式砲術《ほうじゅつ》を学ぼうと、一八五五（安政《あんせい》二）年のはじめ、西洋式砲術《ほうじゅつ》の大家・下曾根《しもそね》金三郎《きんざぶろう》に入門し、銃《じゅう》の訓練《くんれん》や大砲《たいほう》の使用法《しようほう》を学びました。

この年の夏、オランダ国王から幕府《ばくふ》に、蒸気船《じょうきせん》がおくられ、長崎《ながさき》に入港しました。まちにまった蒸気船《じょうきせん》は幕府《ばくふ》の御用船《ごようせん》として使われ、「観光《かんこう》丸《まる》」という名がつけられました。

そして秋には、長崎《ながさき》に海軍伝習所《かいぐんでんしゅう》が設立《せつりつ》されました。海軍伝習所《かいぐんでんしゅうしょ》は、幕府《ばくふ》の西洋式海軍訓練《かいぐんくんれん》学校で、オランダ軍人《ぐんじん》を教官《きょうかん》にまねき、幕臣《ばくしん》や諸《しょ》藩士《はんし》を集めて蘭学《らんがく》や航海術《こうかいじゅつ》を学ばせました。伝習所《でんしゅうしょ》の所長は永井尚志《ながいなおゆき》、伝習生《でんしゅうせい》のリーダーは勝麟太郎《かつりんたろう》（後の勝海舟《かつかいしゅう》）でした。

一八五七（安政《あんせい》四）年、観光丸《かんこうまる》が江戸《えど》にやってきました。そして房五《ふさご》郎《ろう》は運良《うんよ》く観光丸《かんこうまる》の運用長をつとめる竹内卯吉郎《たけのうちうきちろう》に会うことができました。この出会いが、房五郎《ふさごろう》の人生に大きな影響《えいきょう》をあたえたのです。

房五郎《ふさごろう》は自らの海防《かいぼう》への思いを竹内《たけのうち》と語り合いました。

「近ごろの幕臣《ばくしん》はひ弱な者ばかりです。これでは幕府《ばくふ》に将来《しょうらい》はないでしょう。」と、竹内《たけのうち》は失望《しつぼう》していました。そこで、房五郎《ふさごろう》は意欲《いよく》まんまん、「ぜひ、わたしに手伝《てつだ》わせてもらえませんか。」と願《ねが》いでました。する

と竹内《たけのうち》は、

「幕府《ばくふ》は軍艦操練所《ぐんかんそうれんしょ》をつくって海軍《かいぐん》を育成《いくせい》しようとしています。きみが入学できるようにしましょう。」と約束《やくそく》してくれました。しかし、軍艦《ぐんかん》操練所《そうれんしょ》に入学できるのは、旗本《はたもと》の子弟だけという大きな壁《かべ》が立ちはだかっていました。

「これからの時代は、幕臣《ばくしん》とか、家柄《いえがら》とかにとらわれずに、優秀《ゆうしゅう》な人材《じんざい》を登用すべきだ。」

このような時代を先取りした竹内《たけのうち》の考えから、観光丸《かんこうまる》の試運転《しうんてん》の際《さい》に、房五郎《ふさごろう》を見習生として乗りこませ、機関学《きかんがく》を実地で習わせてくれました。

「上野《うえの》君、伝習生《でんしゅうせい》の制服《せいふく》を貸《か》してあげるから着なさい。そして伝習生《でんしゅうせい》に負けないように学ぶのです。」と、房五郎《ふさごろう》を伝習生《でんしゅうせい》と同じようにあつかってくれました。

「ありがとうございます。」

試運転《しうんてん》の日、観光丸《かんこうまる》は横須賀湾《よこすかわん》で一泊《ぱく》しました。雪のふる寒い夜、竹内《たけのうち》は房五郎《ふさごろう》を甲板《かんぱん》にさそいだし、観光丸《かんこうまる》の機械図《きかいず》を手渡《てわた》して、こう言いました。

「いいかい上野《うえの》君、これからの日本には、この湾《わん》、この海がとても重要《じゅうよう》な役割《やくわり》を持つことになるだろう。」と、日本にせまっている危機《きき》を伝《つた》えてくれたのです。

房五郎《ふさごろう》は、このときの竹内《たけのうち》の心づかいに感激《かんげき》し、終生忘《わす》れることはありませんでした。

その後、軍艦操練所《ぐんかんそうれんじょ》に入った房五郎《ふさごろう》は、伝習生《でんしゅうせい》たちに「わが国の海軍《かいぐん》は強くなれるだろうか。」とさかんに議論《ぎろん》をしかけました。すると、みんな口をそろえて、

「海軍《かいぐん》のことをいくら学んでも、軍艦《ぐんかん》がなければ役に立たない。軍艦《ぐんかん》をつくろうとしても費用《ひよう》がないから、年貢《ねんぐ》を増《ふ》やして費用《ひよう》をつくるしかない。」と言うのです。建造費《けんぞうひ》がないならばすぐに増税《ぞうぜい》、という考えに房《ふさ》五郎《ごろう》は納得《なっとく》がいきませんでした。

房《ふさ》五郎《ごろう》の主張《しゅちょう》はこうです。

「西洋のように国家が産業《さんぎょう》をおこしてまず貿易《ぼうえき》をさかんにし、これに課《か》税《ぜい》して海軍《かいぐん》の資金《しきん》をつくります。その金で軍艦《ぐんかん》をつくり、将兵《しょうへい》をやしなって海軍《かいぐん》を強くしていく。それと同時に、商船や積荷《つみに》の安全を保護《ほご》していくことで、利益《りえき》を上げていきます。そうしなければ西洋のような富国強《ふこくきょう》兵《へい》の道を歩むことはできません。」

しかし、誰《だれ》ひとりとして賛成《さんせい》する者はなく、「武士《ぶし》は文武《ぶんぶ》の道を進むもの、いやしい商業のことは語らない。」というのが当時の武士《ぶし》の考えかたでした。

一八五八（安政《あんせい》五）年夏、幕府《ばくふ》はアメリカと修好《しゅうこう》通商条約《じょうやく》を結《むす》びました。国内では、天皇《てんのう》を尊《とうと》び、外国を打《う》ち払《はら》おうとする尊王攘夷《そんのうじょうい》の運動が高まってきました。しかし、房五郎《ふさごろう》は、自国を守る力をつけないで攘夷《じょうい》を語るのは、現実《げんじつ》ばなれした考えとしか思えませんでした。

この年の初《はじ》め、房五郎《ふさごろう》は北海道《ほっかいどう》の箱館《はこだて》にある幕府《ばくふ》の諸術調所《しょじゅつしらべしょ》教授《きょうじゅ》（所長）の武田斐三郎《たけだあやさぶろう》が、アメリカの船長を招《まね》いて航海術《こうかいじゅつ》を書生たちに勉強させているという話を聞きました。こうした実践的《じっせんてき》な学問こそ房五郎《ふさごろう》の望《のぞ》むところです。

「なんとかして箱館《はこだて》に行き、武田《たけだ》家の書生になって航海術《こうかいじゅつ》の講義《こうぎ》を受けたい。」

思い立ったらすぐに行動するのが、房五郎《ふさごろう》です。房五郎《ふさごろう》は、普段着《ふだんぎ》と大小の刀以外《いがい》は全部売《う》り払《はら》ってわずかな金をつくりました。そして紹介状《しょうかいじょう》を何通か書いてもらい、箱館《はこだて》に向かいました。

幕府《ばくふ》の役所に紹介《しょうかい》してもらうのだから、武士《ぶし》らしいりっぱな名前に変《か》えた方が良《よ》いと考え、「巻退蔵《まきたいぞう》」と名を改《あらた》めました。この名は、幼少《ようしょう》のころから暗誦《あんしょう》して覚《おぼ》えた『中庸章句《ちゅうようしょうく》』という古典《こてん》の巻頭《かんとう》にある文章からとったものでした。

これ以降《いこう》は、退蔵《たいぞう》という名で呼《よ》びます。

退蔵《たいぞう》は箱館《はこだて》までは、太平洋に面した海岸沿《そ》いに北上しました。仙台《せんだい》の先、金華山《きんかさん》に登ったときのことです。のどがかわいて水を飲みたいが、近くに川はないのでしかたなく、持っていた冷酒《ひやざけ》を飲み、よっぱらって大声で歌いながら登っていったところ、うっかり財布《さいふ》と紹介状《しょうかいじょう》を落としてしまいました。

山寺にたどり着いたけれど無一文《むいちもん》で、寺の住職《じゅうしょく》に事情《じじょう》を話すと、

「寺の詩客《しかく》(漢詩を読む人)として、しばらく泊《と》まっていかれたらいかがでしょう。」

漢詩好《ず》きの住職《じゅうしょく》のはからいで、漢詩をよんだり人に教えたりしながら、しばらく寺に留《とど》まることになりました。

仙台《せんだい》にもどって再《ふたた》び知人から紹介状《しょうかいじょう》をもらい、北へ旅を続《つづ》けました。とちゅう学問に関心《かんしん》のある裕福《ゆうふく》な農家をたずねては、儒学《じゅがく》の講義《こうぎ》などをして謝礼《しゃれい》をもらい旅費のたしにしようと考えました。ある富農《ふのう》の家に泊《と》まったとき、蒸気機関《じょうききかん》の図を示《しめ》して詳《くわ》しく説明《せつめい》して喜《よろこ》ばれ、謝礼《しゃれい》をもらうこともありました。

津軽藩領《つがるはんりょう》(いまの青森《あおもり》県西部)に入ろうとしたとき、藩境《はんさかい》の関所《せきしょ》で手《て》形《がた》(許可《きょか》を得《え》て旅をしている証明書《しょうめいしょ》)を持っていないと領内《りょうない》には入れないと止められてしまいました。

「これでは、いつになったら箱館《はこだて》に着けるのだろうか。」

退蔵《たいぞう》は、しかたなく引き返して南部藩領《なんぶはんりょう》（いまの青森《あおもり》県東部から岩手《いわて》県中部）に入り、下北《しもきた》半島を北上して半島先端《せんたん》から船に乗り、箱館《はこだて》にわたりました。

「やっと箱館《はこだて》に着いた。藩《はん》によって決まりがちがっていて、同じ日本なのに自由に旅ができないのはほんとうに不便《ふべん》だ。」

このとき旅に出てからすでに七か月がたっていましたから、財布《さいふ》の中身はほとんど空でした。

四 日本一周《しゅう》の航海《こうかい》へ

箱館《はこだて》に着くと、紹介状《しょうかいじょう》をたよりに箱館《はこだて》奉行頭《ぶぎょうがしら》の栗本瀬兵衛《くりもとせへえ》をたずねました。

「航海術《こうかいじゅつ》を学ぶために、はるばる江戸《えど》から来ました。」

「よく箱館《はこだて》まで旅をしてきましたね。ところで学費《がくひ》はあるのですか。」

「お金のあてはありませんが、武田《たけだ》さまの塾《じゅく》に入門できるのなら、どんなつらい仕事でもする覚悟《かくご》です。」

栗本《くりもと》は退蔵《たいぞう》の航海術《こうかいじゅつ》へのあつい思いにふれ、武田斐三郎《たけだあやさぶろう》に紹介《しょうかい》することを約束《やくそく》してくれました。しかし、無一文《むいちもん》の退蔵《たいぞう》は、その夜は八幡宮《はちまんぐう》の回廊《かいろう》で眠《ねむ》りました。

翌《よく》一八五九（安政六《あんせい》）年、家庭教師《きょうし》などをしながら待っていた退蔵《たいぞう》に、ついに武田斐三郎《たけだあやさぶろう》への入門が許《ゆる》されました。しかし、このころ武田《たけだ》は、*弁天砲台《べんてんほうだい》や*五稜郭《ごりょうかく》の建設《けんせつ》にあたっていて、講義《こうぎ》をする時間もないほど多忙《たぼう》でした。そこで退蔵《たいぞう》は、航海書《こうかいしょ》などの貴重《きちょう》な書物を読みあさり、航海術《こうかいじゅつ》や測量術《そくりょうじゅつ》について独学《どくがく》で学び、半年もたたぬうちに身につけました。

ある日、武田《たけだ》は退蔵《たいぞう》に、実習航海《こうかい》の必要性《ひつようせい》について話しました。

「航海術《こうかいじゅつ》や測量術《そくりょうじゅつ》は知識《ちしき》を学んだだけでは役に立たない。実地に体験《たいけん》することが必要《ひつよう》だ。」

「先生、実習の機会《きかい》があれば、ぜひやらせてください。」

「ところが経費《けいひ》がままならないのだ。船を動かすための金をどうつくるのかが問題だ。」と武田《たけだ》はなげきました。そこで退蔵《たいぞう》は、

「わたしに名案《めいあん》があります。北海道《ほっかいどう》の海産物《かいさんぶつ》の価格《かかく》は箱館《はこだて》では安いが大坂《おおさか》では高い。たとえば箱館丸《はこだてまる》にのせて大坂《おおさか》あたりに運び売りさばけば、

＊弁天砲台《べんてんほうだい》　箱館《はこだて》港の防衛拠点《ぼうえいきょてん》としてつくられた砲台《ほうだい》。
＊五稜郭《ごりょうかく》　日本最初《さいしょ》の洋式の城。江戸幕府《えどばくふ》が開港地となった箱館《はこだて》（函館）の奉行所《ぶぎょうしょ》をおいた。星形をしているので五稜郭《ごりょうかく》とよばれた。

相当な利益《りえき》になるでしょう。」と提案《ていあん》しました。箱館丸《はこだてまる》は箱館奉行《はこだてぶぎょう》が持っている洋式帆船《はんせん》です。

「箱館丸《はこだてまる》は幕府《ばくふ》の官船《かんせん》なので、商人と利益《りえき》をきそうようなことはゆるされないだろう。」

武田《たけだ》の心配に対して、退蔵《たいぞう》は、

「それならば名目は日本海の測量《そくりょう》ということにして、荷足《にあし》のために海産物をつむことにすればよろしいでしょう。」

「それは良《よ》い案《あん》だ。」と、武田《たけだ》は手を打って喜《よろこ》びました。

その年の夏、箱館丸《はこだてまる》は日本海の測量《そくりょう》を名目に、荷足《にあし》として昆布《こんぶ》をつみこんで出帆《しゅっぱん》し、退蔵《たいぞう》も学生として乗りこみました。

船は日本海を西へ進み、昆布《こんぶ》を売りさばき、帰りは、瀬戸内海《せとないかい》をとおり、大坂《おおさか》をへて、箱館《はこだて》へ向かいました。

一八六〇（安政七《あんせい》）年正月、箱館丸《はこだてまる》は七か月にわたる航海《こうかい》を終えまし

*荷足《にあし》　船の安定のため船底《ふなぞこ》に積《つ》む重い荷物。

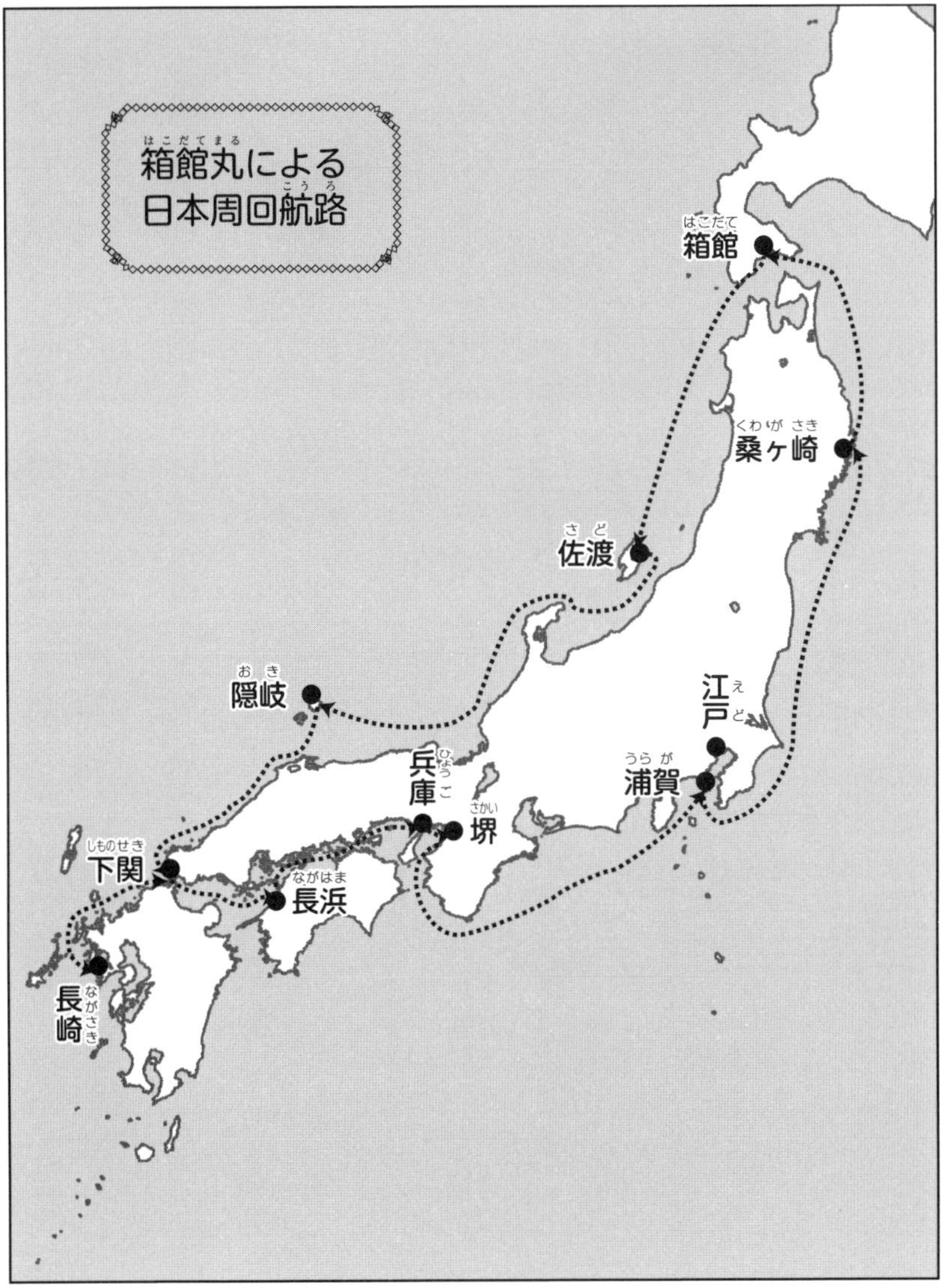
箱館丸《はこだてまる》による
日本周回航路《こうろ》
箱館《はこだて》
桑ヶ崎《くわがさき》
佐渡《さど》
隠岐《おき》
江戸《えど》
浦賀《うらが》
兵庫《ひょうご》
堺《さかい》
下関《しものせき》
長浜《ながはま》
長崎《ながさき》

た。本州の周《まわ》りを一周《しゅう》して、日本の沿岸《えんがん》や港のようすをくまなく見て回ることができたことは、海防《かいぼう》を考える退蔵《たいぞう》の大きな自信《じしん》となりました。

春になると、箱館丸《はこだてまる》は再《ふたた》び長崎《ながさき》や大坂《おおさか》に向けて航海《こうかい》に出ました。今回は、物産《ぶっさん》をたくさんのせて売りさばく商売が目的《もくてき》でしたが、退蔵《たいぞう》は実習生ではなく測量役《そくりょうやく》という役職《やくしょく》についていました。

箱館《はこだて》にもどった退蔵《たいぞう》のもとに、江戸《えど》の友人から「江戸《えど》の情勢《じょうせい》が緊迫《きんぱく》しています。すみやかに帰って来てください。」という手紙が届《とど》きました。江戸《えど》では井伊大老《いいたいろう》の暗殺《あんさつ》という大事件《だいじけん》が起こっていたのです。

退蔵《たいぞう》はいてても立ってもいられなくなり、年末《ねんまつ》には江戸《えど》に帰りました。

翌《よく》一八六一（文久元《ぶんきゅう》）年はじめ、ロシアの軍艦《ぐんかん》が対馬《つしま》に来航《らいこう》し、海軍《かいぐん》の根拠地《こんきょち》を設置《せっち》する目的《もくてき》でしばらく停泊《ていはく》していました。

幕府《ばくふ》はあわてて外国奉行《ぶぎょう》の小栗忠順《おぐりただまさ》らを派遣《はけん》し、退却《たいきゃく》するように求《もと》めましたがうまくいきません。つぎに派遣《はけん》された外国奉行《ぶぎょう》の一行に、箱館《はこだて》奉行所《ぶぎょうしょ》にいた向山栄五郎《むこうやまえいごろう》とともに退蔵《たいぞう》も同行できることになりました。

しかし江戸《えど》をたった奉行《ぶぎょう》一行は、海路をとらず、わざわざ陸路《りくろ》をとおって、九州に向かいました。昔ながらの大名行列の旅姿《たびすがた》で五十名以上《いじょう》の行列が中山道《なかせんどう》をゆっくりと進んで行ったのです。

「なぜ、わざわざ時間のかかる中山道《なかせんどう》を行くのですか。」

退蔵《たいぞう》の問いに、向山《むこうやま》は小声でささやきました。

「これは秘密《ひみつ》の話なのだが、わざと時間のかかる道を選《えら》んで時間をかせいでいるのだ。とちゅうの大坂《おおさか》でも数日間とどまり京都《きょうと》見物でもして時間を使っていると、対馬《つしま》に到着《とうちゃく》するころには、すでにロシア艦《かん》は退去《たいきょ》しているだろうよ。」

案《あん》のじょう、奉行《ぶぎょう》一行が対馬《つしま》に到着《とうちゃく》するころには、ロシア艦《かん》の姿《すがた》はありませんでした。イギリス艦《かん》に退去《たいきょ》をせまられて、すでに撤退《てったい》していたのです。

しかし、ロシア艦《かん》が停泊《ていはく》していた場所にはロシア風の家が建《た》てられ、野菜《やさい》畑もつくられ、湾《わん》の入り口の高い場所には見張《みは》り所《じょ》が設《もう》けられていました。

「彼《かれ》らは、この日本の地を占領《せんりょう》地として永住《えいじゅう》するつもりだったのだな。やはり海防《かいぼう》をしっかりして国を守らなければならない。」

退蔵《たいぞう》は、外国からの圧力《あつりょく》や進出に激《はげ》しい怒《いか》りと不安《ふあん》を覚《おぼ》えました。

奉行《ぶぎょう》一行は江戸《えど》にもどりましたが、退蔵《たいぞう》は一行と別《わか》れ、長崎《ながさき》に向かいました。長崎《ながさき》で英語《えいご》を学びたかったからです。

長崎《ながさき》では、アメリカ人のキリスト教伝道師《でんどうし》ウイリアムズと知り合い、英語《えいご》を本格的《ほんかくてき》に学ぶとともに、アメリカの制度《せいど》についていろいろ質問《しつもん》しました。

「こうして旅に出ているとき、故郷《こきょう》に手紙を出したくても、日本の飛脚《ひきゃく》制度《せいど》では、時間もかかるしなかなか届《とど》きません。飛脚制度《ひきゃくせいど》は、大名飛脚《ひきゃく》（藩《はん》）・継飛脚《つぎびきゃく》（幕府《ばくふ》）・町飛脚《まちひきゃく》（庶民《しょみん》）と身分によって分かれていて、自由に手紙のやりとりができないのです。以前《いぜん》、長崎《ながさき》で手に入れた『連邦志略《れんぽうしりゃく》』という本に、アメリカには、国内や海外に手紙をやりとりできる良《よ》い制度《せいど》があると書いてありましたが、どんな仕組みなのですか。」

という退蔵《たいぞう》の問いに、ウイリアムズは
「アメリカには通信制度《つうしんせいど》があり、全国どこにでも手紙を届《とど》けています。駅逓《えきてい》という全国に広がる機関《きかん》によって届《とど》けられるのです。通信《つうしん》はいわば血液《けつえき》で、血管《けっかん》は駅逓《えきてい》です。血管《けっかん》がふさがれば、血液《けつえき》は循環《じゅんかん》しません。」

とたとえ話で説明《せつめい》してくれました。

「血管《けっかん》をとおして体内を流れる血液《けつえき》が、通信《つうしん》なのですね。」

「そう、血液《けつえき》と同じように、昼も夜も毎日、届《とど》いています。」

退蔵《たいぞう》は、夢《ゆめ》のような通信制度《つうしんせいど》の話に胸《むね》がわくわくしました。

ウイリアムズは、手紙の表面に張《は》ってある「切手」を退蔵《たいぞう》に見せて、

「この切手が、政府《せいふ》が定めた料金《りょうきん》のしるしです。切手がはってある書状《しょじょう》は、料金《りょうきん》がすでに払《はら》われたことが証明《しょうめい》されて、国内外に配達《はいたつ》されるのですよ。」と語りました。

「切手とは便利《べんり》なものですね。」

切手を初《はじ》めて見た退蔵《たいぞう》は、おどろくと同時に感心しました。

「いずれ、このような通信制度《つうしんせいど》をわが国に採用《さいよう》して、国民《こくみん》の役に立てたい。」

と退蔵《たいぞう》はひそかに心に刻《きざ》みました。

五　前島《まえじま》家をついで幕府《ばくふ》に仕える

一八六三（文久三《ぶんきゅう》）年秋、幕府《ばくふ》は*遣欧使節《けんおうしせつ》を送ることになりました。

「欧州《おうしゅう》に行けるいい機会《きかい》だ。通訳官《つうやくかん》に選《えら》ばれた何礼之《がれいし》さんは、長崎奉行《ながさきぶぎょう》所《しょ》の英語稽古所《えいごけいこじょ》の学頭だから、さっそく会いに行こう。」

退蔵《たいぞう》は、使節《しせつ》の通訳官《つうやくかん》である何《が》にいきなり面会を求《もと》めて、同行させてほしいとたのみこみ、何《が》の従者《じゅうしゃ》として使節《しせつ》に加《くわ》わることができました。

退蔵《たいぞう》たちは、長崎《ながさき》から筑前藩《ちくぜんはん》のコロンビア号に乗り、使節《しせつ》の船が出発する江戸《えど》に向かって出帆《しゅっぱん》したものの、とちゅうで故障《こしょう》が続出《ぞくしゅつ》し、江戸《えど》に着いたときには、すでに遣欧使節団《けんおうしせつだん》が出発したあとでした。

「残念《ざんねん》。」

*遣欧使節《けんおうしせつ》　欧州《おうしゅう》（ヨーロッパ）に派遣《はけん》した外交交渉《こうしょう》のための使節《しせつ》

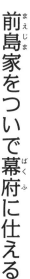

退蔵《たいぞう》は、ひどくがっかりしましたが、落ちこんではいられません。

「先生、気晴らしに江戸《えど》の町でも案内《あんない》しますよ。」

と、数日かけて江戸《えど》の町を案内《あんない》して、何《が》との親交を深め、さらに長崎《ながさき》に帰る船中でも、毎晩熱心《まいばんねっしん》に何《が》から英語《えいご》を学びました。欧州《おうしゅう》行きは失敗《しっぱい》したものの、退蔵《たいぞう》にとって何《が》との出会いは、貴重《きちょう》な体験《たいけん》でした。

長崎《ながさき》に帰ると、英語稽古所《えいごけいこじょ》には英語《えいご》を身につけたい若者《わかもの》が全国からあふれるほど集まったため、新しい英語塾《えいごじゅく》をつくることになり、退蔵《たいぞう》は塾《じゅく》長《ちょう》に任命《にんめい》されました。

「全国から学びにきた塾生《じゅくせい》の中には、生活費《せいかつひ》がなくて苦労《くろう》している者も多い。彼《かれ》らのために安い費用《ひよう》で生活できる合宿所をつくろう。」

退蔵《たいぞう》は、「培社《ばいしゃ》」という名の寄宿所《きしゅくしょ》を、禅寺《ぜんでら》のあいたお堂《どう》を借《か》りて始めました。しかし資金《しきん》がとぼしく経営《けいえい》は赤字で、退蔵《たいぞう》が私物《しぶつ》を売《う》り払《はら》って米屋の支払《しはら》いにあてなければならないほど苦しい状態《じょうたい》でした。

そんなとき、退蔵《たいぞう》に薩摩藩《さつまはん》からのさそいがきました。

「わが薩摩藩《さつまはん》では、近ごろ鹿児島《かごしま》に開成学校《かいせい》を開きました。そこに先生をお迎《むか》えして英語《えいご》を教えていただきたいのです。」

「お気持ちはうれしいが、私《わたくし》は学問を生涯《しょうがい》の仕事とは思っていないし、英語《えいご》は未熟《みじゅく》ですから、お引き受けできません。」

と、退蔵《たいぞう》はことわりました。

「長くいてほしいのではありません。一年ほど教えてくれれば、その後は自由にしていただいてかまわないのです。」

その言葉に退蔵《たいぞう》の気持ちが動きました。

「薩摩藩《さつまはん》には西郷吉之助《さいごうきちのすけ》（隆盛《たかもり》）や大久保一蔵《おおくぼいちぞう》（利道《としみち》）のような英雄《えいゆう》がいる。彼《かれ》らと会って教えを受けたい。」

一八六五（慶応元《けいおう》）年はじめ、鹿児島《かごしま》についた退蔵《たいぞう》は、開成学校《かいせい》の教《きょう》

官《かん》になりました。生徒《せいと》は日増《ひま》しにふえ、一人で教えきれなくなり、長崎《ながさき》の培社《ばいしゃ》で学んでいた教え子を助手として呼《よ》び寄《よ》せました。こうして退蔵《たいぞう》は約《やく》一年間、鹿児島《かごしま》で英語《えいご》を教えながら過《す》ごしました。

しかし、薩摩弁《さつまべん》（鹿児島弁《かごしまべん》）は、他から来た人には難《むずか》しく、退蔵《たいぞう》も最《さい》初《しょ》のうちは何を言っているかわからないし、なかなかうまく話せませんでした。

しばらくすると薩摩弁《さつまべん》も上手になったので、あるとき、生徒《せいと》を集めて薩摩弁《さつまべん》で演説《えんぜつ》をしました。演説《えんぜつ》を終えて

「わたしの話がわかりましたか。」と問うと、みんな一斉《いっせい》に

「わかりません。」と答えました。

「そうか、わたしの薩摩弁《さつまべん》はだめか。」と、がっかりした退蔵《たいぞう》は、

「やはり、ひとつの国には共通《きょうつう》の言葉がなくてはならない。」と、あら

ためて思いました。

はじめのうち退蔵《たいぞう》は、薩摩藩《さつまはん》の客の身分でしたが、やがて藩士《はんし》にとりたてられました。教えをうけたかった大久保一蔵《おおくぼいちぞう》とは、ときどき会うことがありましたが、親しく話すこともできませんでした。

しかし酒宴《しゅえん》に招《まね》かれたときに、大酒を飲み酔《よ》っ払《ぱら》う大久保《おおくぼ》の姿《すがた》を目撃《もくげき》し、

「きびしい人だと思ったけれど、人は見かけによらないものだ。」と親しみを感じました。

ある日、大久保宅《おおくぼたく》をおとずれたときのことです。

「きみは、航海学《こうかいがく》や機関学《きかんがく》を学んだと聞いているが、本当か。」と問われ、退蔵《たいぞう》は
「少々《しょうしょう》学んだのみですが、箱館丸《はこだてまる》という洋式帆船《はんせん》で日本を一周《しゅう》しました。また越前藩《えちぜんはん》や紀州藩《きしゅうはん》の依頼《いらい》で、蒸気船《じょうきせん》の機関士長《きかんしちょう》として航海《こうかい》しまし

た。」とこたえました。すると大久保《おおくぼ》は、

「わが藩《はん》はいま、海軍《かいぐん》をつくろうとしている。わが藩《はん》の士官《しかん》にならないか。」

思ってもみなかったさそいに、退蔵《たいぞう》は一瞬《いっしゅん》まよいましたが、はっきりと言いました。

「せっかくですが、わたしは海軍士官《かいぐんしかん》になるつもりはありません。」

「なぜだね。」

「いま必要《ひつよう》なのは商船です。海外と貿易《ぼうえき》をして収益《しゅうえき》を上げ、国力を充実《じゅうじつ》させることこそ大事と考えます。」と、退蔵《たいぞう》は、きっぱりとこたえました。

そして、

「海軍《かいぐん》は幕府《ばくふ》や諸大名《しょだいみょう》が力を入れようとしていますが、商船事業に目を向ける者は、ほとんどいません。これは武士《ぶし》をたっとび、商人をいやしむ考えからでしょう。しかしわたしは、商船事業の役に立つことをしたいと思います。」

「どんなことをしたいのか？」

「まず、小型《こがた》で危険《きけん》な和船をやめて、強くて便利《べんり》な西洋形の船を採用《さいよう》し、航海技術《こうかいぎじゅつ》を身につけた海員を養成《ようせい》するのです。」

それを聞いた大久保《おおくぼ》は、

「いまは開国か鎖国《さこく》かの国論《こくろん》も定まらず、財政《ざいせい》も困難《こんなん》だから、お金のかかる商船事業をすすめるのは無理《むり》ではないか。」

「たしかにそうです。しかし十年もしないうちに状況《じょうきょう》が変《か》わります。商船事業をさかんにしなければ、国力も強くならないし、海軍《かいぐん》を大きくすることもかないません。」

「うーん、たしかに、そのとおりだ。」と大久保《おおくぼ》は退蔵《たいぞう》の考えにうなずきました。

ところが、しばらくすると薩摩藩《さつまはん》の方針《ほうしん》は、幕府《ばくふ》をたおすことに決定しました。

「このままでは幕府《ばくふ》と戦争《せんそう》になる。今は国内で争《あらそ》っているときではない。幕府《ばくふ》を中心に各藩《かくはん》が結束《けっそく》して西洋の国ぐにに立ち向かっていかねばならない。」

このような退蔵《たいぞう》の考えと、薩摩藩《さつまはん》の考えが対立することを知ったからには、

「このまま鹿児島《かごしま》にいてはいけないのではないか。」と、疑問《ぎもん》を持ちました。

しかし退蔵《たいぞう》は、すでに薩摩藩士《さつまはんし》の身分になっています。

そんなとき、故郷《こきょう》の兄が大病にかかったという知らせが来ました。退《たい》蔵《ぞう》は休みをとって、越後《えちご》に帰ることにしました。

しかし、実家に帰り着いたときには、すでに兄は亡《な》くなっていました。

明けて一八六六（慶応《けいおう》二）年、薩摩藩《さつまはん》と長州藩《ちょうしゅうはん》（いまの山口県《やまぐち》）との同盟《どうめい》が成立《せいりつ》し、ますます幕府側《ばくふがわ》が不利《ふり》になってきました。そんななか退《たい》蔵《ぞう》は、もはや鹿児島《かごしま》にもどる気持ちを失《うしな》っていました。

「薩摩《さつま》にもどる約束《やくそく》を守れなかったので、みんなにおわびの手紙を書いて送ろう。」

退蔵《たいぞう》はわびの手紙を十数通書いて、越後高田藩《えちごたかだはん》の飛脚《ひきゃく》にたくし、江戸《えど》の薩摩藩《さつまはん》にとどけてもらい、そこから薩摩《さつま》の人びとに転送するようにと手続《てつづ》きをとりました。しかし、とちゅうで行方不明《ゆくえふめい》となり、一通もとどきませんでした。

なぜとどかなかったのかというと、当時、各藩《かくはん》では国もとと江戸藩邸《えどはんてい》の間に、藩《はん》の飛脚《ひきゃく》が月一回以上往復《いじょうおうふく》していました。しかし他の藩《はん》との間を結《むす》ぶ飛脚《ひきゃく》はありません。それで、今度のように越後高田《えちごたかだ》から江戸《えど》の高《たか》田藩邸《だはんてい》に書状《しょじょう》を送り、そこから使者を立てて江戸《えど》の薩摩藩邸《さつまはんてい》にとどけます。それを薩摩藩《さつまはん》の飛脚《ひきゃく》にたくして、鹿児島《かごしま》にとどけてもらうのです。そんなふうに、何人もの手をへていくうちに、とちゅうで手紙が行方不《ふ》明《めい》になってしまうことも多かったようです。

「巻退蔵《まきたいぞう》は、薩摩《さつま》にもどる約束《やくそく》を果《は》たさず、なんの連絡《れんらく》もない。」

薩摩藩側《さつまはんがわ》は怒《おこ》りました。なかには幕府《ばくふ》の密偵《みってい》ではないかと疑《うたが》い、見つけたら殺《ころ》すべきであると言う者までいました。

しかし退蔵《たいぞう》は、手紙がとどいたものと信《しん》じていたので、そのまま江戸《えど》に帰り、開国の志《こころざし》を実現《じつげん》するために、衰退《すいたい》している幕府《ばくふ》のもとで働《はたら》こうと決意をかためました。

江戸《えど》に着くと、旗本《はたもと》（幕府《ばくふ》の家臣《かしん》）の平岡熙一《ひらおかきいち》から声がかかりました。

「きみは幕府《ばくふ》に仕えて、日本のために働《はたら》きたいというが、考えを聞かせてほしい。」

平岡《ひらおか》の問いに、退蔵《たいぞう》は自分の思いをぶつけました。

「幕府《ばくふ》は国内では各藩《かくはん》をまとめ、国外に対しては一国を代表する中央政《せい》府《ふ》です。しかしいまは力がおとろえ国家を維持《いじ》できるかどうかゆれています。ならば幕府《ばくふ》は大政《たいせい》（政権《せいけん》）を朝廷《ちょうてい》にかえして、日本大政府《せいふ》をつくることです。そしてわたしは、この考えを将軍《しょうぐん》に会ってお伝《つた》えしたいのです。」

平岡《ひらおか》は、退蔵《たいぞう》の情熱《じょうねつ》に心うたれました。

「きみの考えはよくわかった。しかし、幕府《ばくふ》の家臣《かしん》でないものが将軍《しょうぐん》に会うことなどできない。まず幕府《ばくふ》の家臣《かしん》の家を継《つ》いで幕臣《ばくしん》となり、だんだんと昇進《しょうしん》して時期を待つほかあるまい。」と助言しました。

しばらくして、平岡《ひらおか》から退蔵《たいぞう》に、幕府《ばくふ》の御家人《ごけにん》である前島《まえじま》家の跡《あと》つぎの話がとびこんできました。前島《まえじま》家ではあるじがなくなったのですが、跡《あと》つぎがおらず、家を絶《た》やさぬため、親族が平岡《ひらおか》に相談し、退蔵《たいぞう》に相続《そうぞく》の話がきたのです。

話はとんとん拍子《ひょうし》に進み、退蔵《たいぞう》は前島《まえじま》家をつぎ、名を前島来輔《まえじまらいすけ》（助）とあらためました。

そして江戸《えど》の牛込《うしごめ》に住むことになり、幕臣《ばくしん》・清水与一郎《しみずよいちろう》の娘《むすめ》なかと結《けっ》婚《こん》しました。来輔《らいすけ》が三十二歳《さい》のときです。

ここからは、来輔《らいすけ》と呼《よ》ぶことにします。

六

「漢字御廃止之議《おんはいしのぎ》」を将軍《しょうぐん》に提案《ていあん》

一八六六（慶応《けいおう》二）年の夏、十四代将軍《しょうぐん》・徳川家茂《とくがわいえもち》が亡《な》くなり、徳川《とくがわ》慶喜《よしのぶ》が十五代将軍《しょうぐん》に就任《しゅうにん》しました。

前島《まえじま》家をついで幕臣《ばくしん》となり、妻《つま》をむかえて江戸《えど》暮《ぐ》らしがはじまったころ、来輔《らいすけ》は、開成所《かいせいじょ》頭取の松本寿太夫《まつもとじゅたゆう》の誘《さそ》いで、開成所《かいせいじょ》の反訳筆記方《ほんやくひっきかた》につとめることになりました。

開成所《かいせいじょ》は幕府《ばくふ》の教育機関《きかん》で、オランダ・イギリス・フランス・ドイツ・ロシアの五か国語と、天文・地理・数学・物産《ぶっさん》などの教科が設《もう》けられていました。この開成所《かいせいじょ》は、明治《めいじ》になってから東京《とうきょう》大学に発展《はってん》するのです。

反訳《ほんやく》筆記方の仕事は、教授《きょうじゅ》たちがオランダ語などを日本語にほん訳《やく》した文章を修正《しゅうせい》しつつ筆記する仕事です。

「給料《きゅうりょう》は安いけれど、将来《しょうらい》、幕府《ばくふ》の重要《じゅうよう》な職《しょく》につく足がかりとなるかもしれない。」

そう期待して、来輔《らいすけ》はひきうけました。

来輔《らいすけ》は、以前《いぜん》から将軍《しょうぐん》に、ある意見を申し立てたいと思っていました。それは「漢字を廃止《はいし》してかなを使うべき」という意見です。

これまで漢学・蘭学《らんがく》・英学《えいがく》を学んできた来輔《らいすけ》がずっと疑問《ぎもん》に感じていたことは、漢文や漢字を学ぶには多くの時間がかかるのに対して、英語《えいご》やオランダ語のように音だけを表す文字を用いると習得《しゅうとく》が簡単《かんたん》だということです。このことから漢字を廃止《はいし》して、音で表すかなを使うべきであると、以前《いぜん》から考えていました。しかし当時は、幕臣《ばくしん》（幕府《ばくふ》の家臣《かしん》）ではなかったので、将軍《しょうぐん》に提案《ていあん》できる立場にはありませんでした。

「幕臣《ばくしん》になれれば、将軍《しょうぐん》に申し立てできる。」

その夢《ゆめ》がかない幕臣《ばくしん》となったいま、漢字廃止案《はいしあん》を提案《ていあん》したいと考え、それから四か月かけて、考えを文書にまとめました。そして松本《まつもと》を通じて、将軍慶喜《しょうぐんよしのぶ》に「漢字御廃止之議《おんはいしのぎ》」を提案《ていあん》しました。

その内容《ないよう》は、

「国家の大本は国民《こくみん》の教育にあります。武士《ぶし》、庶民《しょみん》の区別《くべつ》なく、国民《こくみん》全てに教育を普及《ふきゅう》させるには、なるべく簡単《かんたん》な文字や文章でなければなりません。そのためには、西洋諸国《しょこく》のように音を表す文字『かな』を用いて学べるように、漢字の使用を廃止《はいし》したい。」

このように漢字・漢文を学ぶことの難《むずか》しさを述《の》べて、漢字廃止《はいし》を説《と》きました。

来輔《らいすけ》の提案《ていあん》は、漢字の使用をすべて廃止《はいし》すると誤解《ごかい》されがちですが、そうではありません。誰《だれ》でも読み書きがたやすくできる「かな」で教育がなされるならば、武士《ぶし》、庶民《しょみん》の区別《くべつ》なく広く国民《こくみん》全体に教育が行き届《とど》く、教育が行き届《とど》けば国が強くなるというのが来輔《らいすけ》の提案《ていあん》の真の意味であり、国語教育に対する基本的《きほんてき》な考え方なのです。

しかし、幕府《ばくふ》の上層部《じょうそうぶ》で、来輔《らいすけ》の提案《ていあん》に関心《かんしん》を持つものはおらず、残念《ざんねん》ながら提案《ていあん》は受け入れられませんでした。

一八六七（慶応三《けいおう》）年春、来輔《らいすけ》は開成所《かいせいじょ》の教授《きょうじゅ》に任命《にんめい》されました。開《かい》成所《せいじょ》は当時の最高《さいこう》教育機関《きかん》ですから、その教授《きょうじゅ》になるというのは、とても名誉《めいよ》なことです。

しかし来輔《らいすけ》は、推薦《すいせん》してくれた松本《まつもと》に辞退《じたい》したいと申し出ました。

「ありがたいお話ですが、わたしはちかぢか開港する兵庫《ひょうご》の奉行所《ぶぎょうしょ》で働《はたら》いて、海外の事情《じじょう》や外交のことを学びたいのです。」

「しかし、教授《きょうじゅ》になることは、きみの将来《しょうらい》にとって大きな意味を持つことになりますよ。ぜひ受けてください。」

松本《まつもと》に強く説得《せっとく》された来輔《らいすけ》は、一度は辞退《じたい》したものの、ひとまず受けることにしました。

それより少し前、外国公使たちが兵庫《ひょうご》開港を幕府《ばくふ》にせまったため、将軍慶喜《しょうぐんよしのぶ》は、兵庫《ひょうご》開港を決めました。その後、兵庫奉行所《ひょうごぶぎょうしょ》が置《お》かれ、柴田《しばた》剛中《たけなか》が奉行《ぶぎょう》に決まりました。

来輔《らいすけ》は、さっそく柴田《しばた》に会って願《ねが》いを伝《つた》えました。

「地位《ちい》は低《ひく》くてもよいので、奉行《ぶぎょう》所の一員として働《はたら》きたいのです。無役《むやく》無給《むきゅう》でもかまいません。奉行《ぶぎょう》の手付《てつけ》（下級役人）として兵庫《ひょうご》で働《はたら》ければ十分です。」

しかし柴田《しばた》は首をたてにふりませんでした。

「あなたは開成所教授《かいせいじょきょうじゅ》という高い地位《ちい》にある方です。それにふさわしい役職《やくしょく》を用意することはとうてい無理《むり》です。」

それでも来輔《らいすけ》はあきらめずに、何度もたのみました。すると来輔《らいすけ》の情熱《じょうねつ》に負けた柴田《しばた》は「それほどまでに兵庫《ひょうご》に行きたいのならば。」と、兵庫《ひょうご》行きを約束《やくそく》してくれました。

そして、来輔《らいすけ》は開成所教授《かいせいじょきょうじゅ》を辞任《じにん》して兵庫《ひょうご》に行き、兵庫奉行《ひょうごぶぎょう》の手付《てつけ》となりました。

兵庫《ひょうご》に着いた来輔《らいすけ》は、さっそく居留地規則《きょりゅうちきそく》のほん訳《やく》をたのまれ、約束《やくそく》の期日よりも早く仕上げてほめられました。

「あなたは、すごい能力《のうりょく》がありますね。手付《てつけ》にしておくのはもったいない。」

それ以来《いらい》、同僚《どうりょう》たちから一目置《お》かれるようになりました。

しかし、柴田奉行《しばたぶぎょう》からはあまり気に入られていませんでした。というのも、来輔《らいすけ》が近くの海峡《かいきょう》の地形や、海岸に建造中《けんぞうちゅう》の砲台《ほうだい》や、神戸《こうべ》の海軍《かいぐん》操練《そうれん》所について人に聞きまわったり、海防《かいぼう》の議論《ぎろん》をしたりすることを、柴田《しばた》はよく思わなかったからです。

ある日、柴田《しばた》は来輔《らいすけ》をよんで、こう言いはなちました。

「手付《てつけ》の役は必要《ひつよう》なくなったので廃止《はいし》することになった。他の役で欠員《けついん》はあるが、地位《ちい》が低《ひく》いので、きみにはふさわしくないだろう。」

来輔《らいすけ》は、江戸《えど》に帰れという意味だとわかりましたが、すかさず

「低《ひく》い地位《ちい》でもかまいません。わたしの望《のぞ》みは、この開港場で未知《みち》の知《ち》識《しき》を得《え》ることです。」

と、あえて低《ひく》い地位《ちい》の仕事を望《のぞ》んだので、柴田《しばた》もしかたなく来輔《らいすけ》を置《お》くことにしました。

それ以降《いこう》、来輔《らいすけ》は税関《ぜいかん》の事務《じむ》を、てきぱきと処理《しょり》していきました。

この年の十月*十四日、将軍慶喜《しょうぐんよしのぶ》は政権《せいけん》を朝廷《ちょうてい》に返上する「大政奉還《たいせいほうかん》」

*日付は旧暦《きゅうれき》。1873(明治6)年までの日本では、月の満《み》ち欠《か》けなどをもとにつくられた「太陰太陽暦《たいいんたいようれき》」が使われていて、現在《げんざい》使用の新暦《しんれき》とは約《やく》1か月のちがいがある

を行いました。

以前《いぜん》から来輔《らいすけ》が主張《しゅちょう》していた大政奉還《たいせいほうかん》が実現《じつげん》したのです。しかし、これから朝廷《ちょうてい》が政治《せいじ》を行うためには莫大《ばくだい》な費用《ひよう》が必要《ひつよう》です。そのためには幕府《ばくふ》の領地《りょうち》の三分の二を朝廷《ちょうてい》に返すべきとする「領地削減《りょうちさくげん》の議《ぎ》」を将軍《しょうぐん》に提案《ていあん》しようと、来輔《らいすけ》は思い立ちました。

しかし、領地《りょうち》をけずるなどという意見は、幕府《ばくふ》の上層部《じょうそうぶ》がもっともきらうことなので、罪《つみ》に問われ重い刑《けい》を受けるかもしれないのです。来輔《らいすけ》は決死の覚悟《かくご》で建白書《けんぱくしょ》を出しました。この建白書《けんぱくしょ》が将軍《しょうぐん》に達《たっ》したかどうかは定かではありませんが、来輔《らいすけ》が考えていた通りに、十二月九日、王政復古《おうせいふっこ》の大号令《だいごうれい》とともに、慶喜《よしのぶ》には辞官《じかん》*・納地《のうち》が命じられました。

一八六八（慶応四《けいおう》）年正月元日、来輔《らいすけ》は兵庫奉行支配調役《ひょうごぶぎょうしはいしらべやく》に昇進《しょうしん》し、反訳方《ほんやくかた》も兼務《けんむ》する命令《めいれい》を受けました。元日の任命《にんめい》など、通常《つうじょう》ではあり得《え》ないことですが、世情《せじょう》が切迫《せっぱく》していたのです。

＊辞官《じかん》・納地《のうち》　官職《かんしょく》を辞《や》め、領地《りょうち》を返上すること。

三日の夜、京都《きょうと》の伏見《ふしみ》の方向に煙《けむり》が立ち上りました。薩摩《さつま》・長州《ちょうしゅう》らの軍《ぐん》と幕府軍《ばくふぐん》との戦《たたか》い（鳥羽伏見《とばふしみ》の戦《たたか》い）が始まったのです。幕府軍《ばくふぐん》はつぎつぎに敗退《はいたい》し、ついに慶喜《よしのぶ》は大坂城《おおさかじょう》を脱出《だっしゅつ》して幕府《ばくふ》の軍艦《ぐんかん》・開陽丸《かいようまる》で江戸《えど》へ向かいました。兵庫奉行所《ひょうごぶぎょうしょ》も江戸《えど》に退去《たいきょ》することになり、来輔《らいすけ》はいそいで税関《ぜいかん》の残務《ざんむ》を整理しました。

江戸《えど》に帰る日、新しく兵庫奉行《ひょうごぶぎょう》に就任《しゅうにん》したという岡崎《おかざき》という者が来輔《らいすけ》を呼《よ》んで言いました。

「きみは神戸《こうべ》で有名だから、もし奉行所《ぶぎょうしょ》に残《のこ》ってくれるならば、最高《さいこう》の地位《ちい》をもって待遇《たいぐう》しよう。」

岡崎《おかざき》のさそいにたいして、来輔《らいすけ》はこう答えました。

「すでに将軍《しょうぐん》は大政《たいせい》を奉還《ほうかん》し、戦《たたか》いに敗《やぶ》れて江戸《えど》に向かいましたから、あなたを奉行《ぶぎょう》に任命《にんめい》する権限《けんげん》はありません。神戸《こうべ》は外交の要所《ようしょ》ですから朝廷《ちょうてい》は必《かなら》ず別《べつ》の誰《だれ》かを任命《にんめい》するでしょう。幕府《ばくふ》が神戸《こうべ》を取り返さない限《かぎ》り、兵庫奉行《ひょうごぶぎょう》は名ばかりのものです。どうかわが将軍《しょうぐん》が天下の笑《わら》いものにならぬよう、心していただきたい。」

このの ち兵庫奉行《ひょうごぶぎょう》は消滅《しょうめつ》しました。

七　都《みやこ》を江戸《えど》にうつすことを提案《ていあん》

一八六八（慶応四《けいおう》）年一月十一日、徳川慶喜《とくがわよしのぶ》を乗せた開陽丸《かいようまる》が江戸《えど》・品川沖《しながわおき》に到着《とうちゃく》しました。翌日《よくじつ》、江戸城《えどじょう》に入った慶喜《よしのぶ》は朝廷《ちょうてい》に心からしたがう姿勢《しせい》をとりました。

江戸《えど》にもどった来輔《らいすけ》は、官軍《かんぐん》（朝廷側《ちょうていがわ》の軍《ぐん》）との江戸《えど》でのいくさをさける慶喜《よしのぶ》の姿勢《しせい》を支持《しじ》していました。薩摩《さつま》・長州《ちょうしゅう》らは、天皇《てんのう》に認《みと》められた官軍《かんぐん》となり、幕府軍《ばくふぐん》を討《う》とうとしていたのです。

「こうなったからには幕府《ばくふ》は朝廷《ちょうてい》にしたがう姿勢《しせい》を示《しめ》すほかに道はない。江戸《えど》が戦場《せんじょう》になれば町は火の海となり、江戸《えど》の人びとは焼《や》け出されてしまう。戦争《せんそう》が拡大《かくだい》し、外国勢力《せいりょく》が関《かか》わるようならば、日本が危険《きけん》な状態《じょうたい》になる。」

全国を見て歩いて海防《かいぼう》を考え、英学《えいがく》を学び、欧米《おうべい》の文化にふれた来輔《らいすけ》であったからこそ、こうした国際的《こくさいてき》な視点《してん》に立って日本の将来《しょうらい》を考えることができたのです。

来輔《らいすけ》は、幕府軍《ばくふぐん》が戦《たたか》いに向かう動きをとめるため、幕府《ばくふ》に影響力《えいきょうりょく》をもつ小栗忠順《おぐりただまさ》をたずねました。しかし薩長《さっちょう》との徹底抗戦《てっていこうせん》を主張《しゅちょう》する小栗《おぐり》は、

「われわれは朝廷《ちょうてい》にさからうわけではない。ただ薩長《さっちょう》をうつのみである。かれらの船はわが海軍《かいぐん》の敵《てき》ではない。海軍《かいぐん》と陸軍《りくぐん》を合わせて戦《たたか》えば、敵《てき》をやぶるのは容易《ようい》である。それにフランスはわれわれを支援《しえん》すると言っているから、兵器《へいき》や財政《ざいせい》は心配いらない。」

と、強い口調で語り、来輔《らいすけ》が反論《はんろん》しようとすると、座《ざ》をけって立ち去りました。

「このうえは慶喜公《よしのぶこう》に直訴《じきそ》するしかない。しかし、わたしの身分では取り上げてもらえないだろうから、有力な幕臣《ばくしん》の山岡鉄太郎《やまおかてつたろう》（鉄舟《てっしゅう》）さんを紹介《しょうかい》してもらって、いっしょに連署《れんしょ》してもらおう。」

さっそく来輔《らいすけ》は、幕臣《ばくしん》の関口艮輔《せきぐちごんすけ》（隆吉《たかよし》）に会いにいきました。

病床《びょうしょう》にあった関口《せきぐち》は、来輔《らいすけ》の話に感激《かんげき》し

「山岡《やまおか》にたのむには時間がかかるので、今日と明日、開成所《かいせいじょ》に諸藩《しょはん》の老臣《ろうしん》が集まるので、そこに出向いて議論《ぎろん》をし、同意を求《もと》めよう。諸藩《しょはん》が連合《れんごう》して書面を提出《ていしゅつ》すればよいではないか。」と引き受けてくれました。

翌日《よくじつ》、関口《せきぐち》は病《やまい》をおして部下とともに開成所《かいせいじょ》に同行してくれました。

このときの関口《せきぐち》や同行者たちのようすをみて、来輔《らいすけ》はびっくりしました。

「願《ねが》いが聞き入れられなければ、慶喜公《よしのぶこう》の前で死ぬしかない。」

と、死を覚悟《かくご》した白装束《しろしょうぞく》を衣服《いふく》の下に着用し、決死隊《けっしたい》の姿《すがた》で開成所《かいせいじょ》におしかけたので、おどろいた開成所《かいせいしょ》の職員《しょくいん》が応対《おうたい》してくれず、失敗《しっぱい》に終わりました。

すでに官軍《かんぐん》は江戸《えど》に向かっていました。慶喜《よしのぶ》は江戸城《えどじょう》を出て上野寛永寺《うえのかんえいじ》に入り、謹慎《きんしん》しました。

そんななか、来輔《らいすけ》は幕府《ばくふ》の勘定格徒目付《かんじょうかくかちめつけ》になりました。最初《さいしょ》の仕事は、目付役《めつけやく》の平岡熈一《ひらおかきいち》とともに、官軍《かんぐん》を接待《せったい》する仕事です。

「このまま官軍《かんぐん》が江戸《えど》に進軍《しんぐん》してくると、旗本《はたもと》たちがさわぎ出し、いくさになりかねない。そうなったら、慶喜公《よしのぶこう》の謹慎《きんしん》も無駄《むだ》になってしまうし、江戸《えど》の人びとがいくさに巻《ま》きこまれてしまう。」と平岡《ひらおか》が来輔《らいすけ》に話し出しました。

「なるほど、ではどのような作戦《さくせん》をとるのでしょうか。」

「東海道を進軍《しんぐん》してきた官軍《かんぐん》に、箱根《はこね》で兵《へい》をとめてもらい、慶喜公《よしのぶこう》の寛《かん》大《だい》な処分《しょぶん》をお願《ねが》いするのだ。」

平岡《ひらおか》の考えに、来輔《らいすけ》は納得《なっとく》できません。

「それはおかしい。敵《てき》の参謀《さんぼう》・西郷隆盛《さいごうたかもり》がそんな願《ねが》いを認《みと》めるわけはありません。いまは、江戸開城《えどかいじょう》をして、錦旗《きんき》（天皇《てんのう》をしめす御旗《みはた》）を迎《むか》える準備《じゅんび》をするべきでしょう。」

すると平岡《ひらおか》は涙《なみだ》をうかべながら
「それはもっともだが、もう時間がない。すでに命令《めいれい》を受けたからには、決死の覚悟《かくご》でしたがわなければならない。どうかわたしを助けて徳川《とくがわ》家のためにつくしてもらえないか。」

そこで来輔《らいすけ》も思い直して言いました。

「わかりました。事態《じたい》は切迫《せっぱく》しています。このさい、西郷《さいごう》に直接《ちょくせつ》会い、わが慶喜公《よしのぶこう》の朝廷《ちょうてい》に従《したが》う真心を明らかにすれば、良《よ》い結果《けっか》がでるかもしれません。」

ところが翌朝《よくあさ》、小田原《おだわら》に到着《とうちゃく》すると、すでに官軍《かんぐん》が関門《かんもん》を設《もう》けていて先に進めず、来輔《らいすけ》たちはむなしく江戸《えど》に帰りました。

このころ、大久保一蔵《おおくぼいちぞう》（利通《としみち》）は、新しい体制《たいせい》を築《きず》くために、都《みやこ》を京都《きょうと》から大坂《おおさか》に移《うつ》すべきであるという大坂遷都論《おおさかせんとろん》を議論《ぎろん》していました。来輔《らいすけ》は、大久保《おおくぼ》の主張《しゅちょう》に反対でした。

「遷都《せんと》には賛成《さんせい》だが、遷都先《せんとさき》は江戸《えど》でなければならない。江戸《えど》は都としてすぐれた場所だし、関東《かんとう》・東北にはまだ天皇《てんのう》の意向が行き届《とど》いていない。全国を治《おさ》めるには江戸《えど》の方が有利《ゆうり》なので、江戸遷都《えどせんと》の建言書《けんげんしょ》をつくり京都《きょうと》にいる大久保《おおくぼ》さんに届《とど》けよう。」

来輔《らいすけ》は、大久保《おおくぼ》と対立する幕臣《ばくしん》であるにもかかわらず、立場をこえて日本の将来《しょうらい》を考えた建言書《けんげんしょ》を書いたのです。

しかし、東海道は官軍《かんぐん》によってふさがれており、飛脚便《ひきゃくびん》もとまっています。

「ちょうど英国公使《えいこく》が国書を持って大坂《おおさか》に向かうそうだ。英国船《えいこくせん》に乗せてもらえば無事《ぶじ》に大坂《おおさか》に着けるだろう。」

そこで来輔《らいすけ》は、英国《えいこく》公使パークスの通訳《つうやく》に加《くわ》わり、英国《えいこく》船に乗って大坂《おおさか》に到着《とうちゃく》しました。

しかし京都《きょうと》に行くことができず、使者を立てて建言書《けんげんしょ》を大久保《おおくぼ》に届《とど》けさせました。これはあとになってわかったのですが、大久保《おおくぼ》は無事に届いた建言書《けんげんしょ》を読んで感銘《かんめい》を受け、「江戸寒士《えどかんし》　前島来輔《まえじまらいすけ》」という名も忘《わす》れることはなかったといいます。それから一年後に、来輔《らいすけ》の建言《けんげん》どおり、江戸遷都《えどせんと》が実現《じつげん》したのです。

さて、この年の三月十三日、勝海舟《かつかいしゅう》と西郷隆盛《さいごうたかもり》が会見をして、江戸開《えどかい》城《じょう》が合意され、予定されていた官軍《かんぐん》による江戸城総攻撃《えどじょうそうこうげき》が回避《かいひ》されました。

そして四月十一日、江戸城《えどじょう》は無事《ぶじ》に官軍《かんぐん》に明けわたされて、慶喜《よしのぶ》は水《み》戸《と》に退去《たいきょ》しました。

しかし、これを不服《ふふく》とする幕臣《ばくしん》たちは彰義隊《しょうぎたい》を結成《けっせい》して上野《うえの》の山にたてこもり、五月十五日に、官軍《かんぐん》との間に戦《たたか》いが始まりました。来輔《らいすけ》はいても立ってもいられず、戦況《せんきょう》を見ようと商人に変装《へんそう》して上野《うえの》に向かいました。ところがとちゅうで官軍《かんぐん》の検問《けんもん》にあい、来輔《らいすけ》の態度《たいど》が商人らしくないとあやしまれましたが、武器《ぶき》を持っていなかったのでとがめられずにすみました。

戦《たたか》いは官軍《かんぐん》の勝利《しょうり》に終わり、徳川家《とくがわ》は、田安亀之助《たやすかめのすけ》（のちの徳川家達《とくがわいえさと》）が相続《そうぞく》し、駿府藩《すんぷはん》（静岡県《しずおか》）七十万石《ごく》に移《うつ》ることになりました。しかし、多くの幕臣《ばくしん》は無禄《むろく》（給料《きゅうりょう》がない）のまま放り出され、来輔《らいすけ》も浪人《ろうにん》*

*浪人《ろうにん》　主君をもたない武士《ぶし》

となりました。

「さあて、これからは何をして生活していこうかな。」

路頭《ろとう》にまよった来輔《らいすけ》でしたが、

「そうだ、神戸《こうべ》に移住《いじゅう》して、得意《とくい》の英語《えいご》を使って外国人との貿易《ぼうえき》をしよう。」

そう思って支度《したく》を始めましたが、思い直します。

「商売をして、あくせく働《はたら》いてお金をかせぐのは、どうも自分の性分《しょうぶん》に合わない。やはり中央政府《せいふ》の役人にならなければ、志《こころざし》をつらぬくことはできない。」

悩《なや》んでいると、思わぬ幸運が舞《ま》いこんできました。

来輔《らいすけ》の活躍《かつやく》を耳にした勝海舟《かつかいしゅう》から「駿河藩留守居役《するがはんるすいやく》に任《にん》じたので、つつしんで受けるように。」という命令《めいれい》が届《とど》いたのです。駿河藩《するがはん》の留守居《るすい》役《やく》というのは、徳川《とくがわ》家のあとつぎに決まった幼少《ようしょう》の亀之助《かめのすけ》をたすけて、新しい藩《はん》の体制《たいせい》づくりに力をつくす役目です。

「幕臣《ばくしん》だったわたしの人生にとって大切なお役目だ。辞退《じたい》はできない。」

そう決心した来輔《らいすけ》は
「わかりました。喜《よろこ》んでお引き受けします。」

と命令《めいれい》にしたがいました。


七月、静岡《しずおか》に向かい藩《はん》の留守居役《るすいやく》となり、留守居役《るすいやく》は、その後「公用人」と名称《めいしょう》がかわりました。来輔《らいすけ》の仕事は、駿河藩士《するがはんし》となった旧幕臣《きゅうばくしん》の待遇《たいぐう》や、藩《はん》の経理事務《けいりじむ》まで幅広《はばひろ》いものでした。


このころ、新政府《しんせいふ》により新しい時代に向けて変革《へんかく》がなされていました。

七月十七日には江戸《えど》を「東京《とうきょう》」と改《あらた》め、九月八日には「明治《めいじ》」と改元《かいげん》されました。そして十月十三日、天皇《てんのう》は東京《とうきょう》に到着《とうちゃく》し、江戸城《えどじょう》を皇居《こうきょ》と定めて、東京城《とうきょうじょう》と名を改《あらた》めました。

そして十一月十日、駿河藩主《するがはんしゅ》となった徳川家達《とくがわいえさと》は江戸《えど》に上り、東京城《とうきょうじょう》で天皇《てんのう》に拝謁《はいえつ》しました。

わずか五歳《さい》の家達《いえさと》が、父・田安慶頼《たやすよしより》に手をひかれて城内《じょうない》に進んだとき、

「父上、これはどなたのお城《しろ》ですか。」

とたずねました。

これを聞いた来輔《らいすけ》やおとものの家来たちは、みんな、胸《むね》がふさがる思いで、無言《むごん》で涙《なみだ》ぐみました。もしも徳川《とくがわ》の世が続《つづ》いていれば、家達《いえさと》こそがこの城《しろ》の城主《じょうしゅ》となるはずだったからです。

天皇《てんのう》は、一度京都《きょうと》にもどり、翌《よく》一八六九（明治《めいじ》二）年三月二十八日に再《ふたた》び東京《とうきょう》にもどり、東京城《とうきょうじょう》に入りました。こうして東京遷都《とうきょうせんと》が完了《かんりょう》したのです。

八 明治政府《めいじせいふ》の一員となり通信制度《つうしんせいど》を改革《かいかく》

一八六九（明治二《めいじ》）年一月、来輔《らいすけ》は、駿河藩《するがはん》の中泉《なかいずみ》（いまの静岡県磐田市《しずおかけんいわた》）の奉行《ぶぎょう》になりました。中泉奉行《なかいずみぶぎょう》は駿河藩《するがはん》のなかでも重要《じゅうよう》な奉行《ぶぎょう》です。なぜなら、江戸《えど》から移住《いじゅう》してくる七百戸あまりの士族《しぞく》（旧幕臣《きゅうばくしん》）が生活できるようにお世話をしなければならないからです。

「まず住居《じゅうきょ》を用意しなければ。しかも無禄《むろく》の士族《しぞく》だから、仕事も用意しなければならない。」

来輔《らいすけ》は、地域《ちいき》の長老《ちょうろう》たちを集めて

「徳川《とくがわ》家に忠誠心《ちゅうせいしん》をもち、無禄《むろく》で藩公《はんこう》（藩主《はんしゅ》）について移住《いじゅう》してきた家臣《かしん》たちです。」

と説得《せっとく》し、かれらが住むための貸家《かしや》や貸部屋《かしべや》をつのりました。また、地域《ちいき》の富農《ふのう》の協力《きょうりょく》を得《え》てお金を集め、数十戸の長屋を新築《しんちく》して住居《じゅうきょ》を確保《かくほ》しました。

「しかし、商売を始めるにしても、かれらには経験《けいけん》もなければ、資金《しきん》もない。」

そこで、かれらのために勧工場《かんこうば》をつくって働《はたら》き口をつくり、生活を安定させました。

「わたくしも手伝《てつだ》いましょう。機織《はたお》りならば教えられます。」と妻《つま》のなかも協力《きょうりょく》しました。

なかを指導者《しどうしゃ》にして機織《はたお》りの技術《ぎじゅつ》を学ばせたり、上州《じょうしゅう》(いまの群馬《ぐんま》県)から人を招《まね》いて桑《くわ》の栽培《さいばい》や養蚕《ようさん》の方法《ほうほう》を学ばせたりしました。来輔《らいすけ》も、学校を開いて自ら教壇《きょうだん》に立って教えるなど、夫婦《ふうふ》そろって移住《いじゅう》してきた人びとを全力で支《ささ》えました。

四月、新政府《せいふ》の太政官《だじょうかん》から、官位《かんい》に用いる漢字を一般《いっぱん》人の名前に使うことを禁止《きんし》するという通達《つうたつ》が出されました。来輔《らいすけ》の「輔《すけ》」の字がそれに当たるため、使えなくなってしまいました。

そこで、巻退蔵《まきたいぞう》のときと同じく、『中庸章句《ちゅうようしょうく》』から「密《みつ》」の字をとり使うことにしました。「ひそか」とよみます。幼少《ようしょう》の上野房五郎《うえのふさごろう》という名前から、巻退蔵《まきたいぞう》、前島来輔《まえじまらいすけ》と名前を変《か》え、これ以後《いご》は、前島密《まえじまひそか》と名乗ることになりました。

そして六月、版籍奉還《はんせきほうかん》が行われ、これまでの藩主《はんしゅ》は藩知事《はんちじ》に任命《にんめい》され、駿河藩《するがはん》は静岡藩《しずおかはん》と名を変《か》えました。

密《ひそか》も中泉奉行職《なかいずみぶぎょうしょく》をとかれて、静岡《しずおか》にもどることになりました。

「せっかく始めた改革《かいかく》も、道なかばで中泉《なかいずみ》を去るのは残念《ざんねん》だ。」

このころ長女が誕生《たんじょう》し、三十四歳《さい》になった密《ひそか》は大喜《おおよろこ》びしました。よう

*官位《かんい》　朝廷《ちょうてい》からあたえられた身分や地位《ちい》
*版籍奉還《はんせきほうかん》　諸藩《しょはん》が土地と人民《じんみん》を朝廷《ちょうてい》に返還《へんかん》した政治改革《せいじかいかく》

やく家族とのおだやかな日々《ひび》を手に入れた密《ひそか》でしたが、その年の年末《ねんまつ》、明治政府《めいじせいふ》の民部省《みんぶしょう》から九等出仕《しゅっし》改正掛《かいせいがかり》勤務《きんむ》の声がかかりました。

「九等出仕《しゅっし》とは低《ひく》い地位《ちい》で不満《ふまん》はあるが、かねてからの願《ねが》いだった国の仕事に参加《さんか》できるのは嬉《うれ》しいことだ。」

　密《ひそか》は新しい仕事に意欲《いよく》を燃《も》やしました。

改正掛《かいせいがかり》は、高官《こうかん》の大隈重信《おおくましげのぶ》や伊藤博文《いとうひろぶみ》の下で民政《みんせい》の実務《じつむ》を担当《たんとう》する仕事です。大隈《おおくま》や伊藤《いとう》は、旧幕臣《きゅうばくしん》の中から有能《ゆうのう》な人材《じんざい》をむかえようと考え、前島密《まえじまひそか》を指名したのです。

　一八七〇（明治三《めいじ》）年のはじめ、民部省《みんぶしょう》に初出勤《はつしゅっきん》すると、上席《じょうせき》に租税《そぜいの》正《かみ》の渋沢栄一《しぶさわえいいち》がいました。そして会議《かいぎ》には、大隈重信《おおくましげのぶ》や伊藤博文《いとうひろぶみ》をはじめ、民部大蔵卿《みんぶおおくらきょう》の伊達宗城《だてむねなり》（旧宇和島藩主《きゅううわじまはんしゅ》）も出席《しゅっせき》し、地位《ちい》の上下をぬきにした活発な討論《とうろん》が行われました。

「新しい国づくりのため、このように自由な議論《ぎろん》ができるのはとても良《よ》いことだ。」

密《ひそか》は驚《おどろ》きと同時に、大いに感激《かんげき》しました。

このころ改正掛《かいせいがかり》が取り組んでいたのは、通信《つうしん》と交通機関《きかん》の整備《せいび》です。明治《めいじ》になってからも、江戸《えど》時代からある飛脚《ひきゃく》が続《つづ》けられていて、飛脚《ひきゃく》問屋によって政府《せいふ》の公用文書も送られていました。

「欧米《おうべい》の先進国では、通信制度《つうしんせいど》や、蒸気機関車《じょうききかんしゃ》の走る鉄道、遠距離《えんきょり》を結《むす》ぶ電信《でんしん》が網《あみ》の目のように発達《はったつ》している。大隈《おおくま》さんや伊藤《いとう》さんは欧米《おうべい》のような通信《つうしん》や交通機関《きかん》を日本に取り入れようとしているのだ。」

密《ひそか》は新しい文明を日本に取りこもうと、わくわくしていました。

鉄道建設《けんせつ》の計画も進められていて、最初《さいしょ》は東京《とうきょう》・京都《きょうと》・大坂《おおさか》を経《へ》て神戸《こうべ》まで建設《けんせつ》しようと大隈《おおくま》は考えました。しかし当時の政府《せいふ》には資金《しきん》がなく、イギリスから借金《しゃっきん》をしなければなりません。そこでまず東京《とうきょう》・横浜《よこはま》間に鉄道を敷《し》こうと、密《ひそか》をよんでたのみました。

「前島《まえじま》くん、鉄道は国家の発展《はってん》に必要《ひつよう》だが、膨大《ぼうだい》な費用《ひよう》がかかる。収支《しゅうし》の概算《がいさん》を立ててみてくれないか。」

「わかりました。」

密《ひそか》は徹夜《てつや》をして「予算案《あん》」をつくり、『鉄道臆測《おくそく》』と名付《なづ》けました。それをもとに議論《ぎろん》がなされ、政府《せいふ》の会議《かいぎ》で、東京《とうきょう》・横浜《よこはま》間の鉄道建設《けんせつ》が決定され、この年の三月二十五日には着工しました。

この仕事で密《ひそか》の実力が認《みと》められ、四月には租税権正《そぜいごんのかみ》に出世しました。ここで密《ひそか》は渋沢栄一《しぶさわえいいち》とともに、租税改正案《そぜいかいせいあん》づくりに取り組みました。

「幕府《ばくふ》の租税《そぜい》である年貢《ねんぐ》は、幕府《ばくふ》の領地《りょうち》と藩《はん》の領地《りょうち》で税率《ぜいりつ》が異《こと》なっていたが、統一政府《とういつせいふ》となったので租税《そぜい》は平等にしなければならない。」

「そのとおりだ。しかし年貢《ねんぐ》のように、米で納《おさ》めるやり方では、豊作《ほうさく》や凶作《きょうさく》によって国家の歳入《さいにゅう》が変動《へんどう》し安定しない。」

「農民《のうみん》だけでなく、商工業者にも課税《かぜい》して、国民《こくみん》が平等に税《ぜい》を負担《ふたん》することが大事だ。」

密《ひそか》と渋沢《しぶさわ》はこうした議論《ぎろん》をたたかわせ、「租税《そぜい》の金納化《きんのうか》」を立案《りつあん》しました。

こうして日本が近代国家へとかわるための新しい改革《かいかく》の仕事を、密《ひそか》はつぎからつぎへとたのまれました。

つぎに密《ひそか》は、通信《つうしん》や交通をつかさどる駅逓司《えきていし》の駅逓権正《えきていごんのかみ》に任命《にんめい》され通《つう》信《しん》や交通の改革《かいかく》を任《まか》されました。

密《ひそか》は昔をふりかえり

「おもえば、飛脚便《ひきゃくびん》に代わる制度《せいど》が必要《ひつよう》だと思ったのは、全国各地《かくち》を旅するとちゅう、旅先から手紙を送ることが簡単《かんたん》にはできなかったり、相手に届《とど》かなかったりした経験《けいけん》がきっかけだった。当時は、藩《はん》ごとが閉鎖《へいさ》

東京高輪鐵道蒸氣車走行之全圖

東京《とうきょう》高輪《たかなわ》鉄道《てつどう》蒸気車《じょうきしゃ》走行《そうこう》之《の》全図《ぜんず》　歌川国輝《うたがわくにてる》（二代目）（1871 年）

この汽車は、この年に輸入《ゆにゅう》されたイギリス製《せい》の蒸気機関車《じょうききかんしゃ》と思われる。
陸橋《りっきょう》の下の建物《たてもの》は、品川駅《しながわえき》。

郵政博物館所蔵

的《てき》で、旅人が藩《はん》を越《こ》えて自由に行き来することをさまたげていた。そうした壁《かべ》を取り払《はら》って、全国を自由に行きかい、すべての人が平等に利用《りよう》できる制度《せいど》をつくりたい。」

こうした密《ひそか》の思いが、いま実現《じつげん》しつつありました。

密《ひそか》はまず、東京《とうきょう》・京都《きょうと》・大阪《おおさか》間を飛脚便《ひきゃくびん》で届《とど》ける場合の運送費《うんそうひ》がいくらかかるのか調査《ちょうさ》して、飛脚便《ひきゃくびん》よりも安く・早く届《とど》けられる方法《ほうほう》がないか、調べました。

その結果《けっか》、これまで飛脚《ひきゃく》の種類《しゅるい》や各藩《かくはん》などでバラバラであった料金《りょうきん》を、官営《かんえい》にして政府《せいふ》が負担《ふたん》すれば、かえって安くなるし、決まった時間に定期的《ていきてき》に届《とど》ける制度《せいど》ができることがわかりました。

「新しい時代の通信制度《つうしんせいど》は、いつでも、どこでも、だれにでも、自由に、安価《あんか》に利用《りよう》できるものでなければならない。やはり通信《つうしん》事業は、政府《せいふ》が運営する官営《かんえい》で行うべきだろう。」

そこで密《ひそか》は、まず東京《とうきょう》・京都《きょうと》・大阪《おおさか》の間で試験的《しけんてき》に通信《つうしん》事業を開設《かいせつ》しようと、徹夜《てつや》で案《あん》をつくり会議《かいぎ》にかけました。

「これはすばらしい案《あん》だ。」

「わたしも賛成《さんせい》だ。」

渋沢栄一《しぶさわえいいち》らは賛成《さんせい》してくれて、さらに細かい規則《きそく》をつくることになりました。ところが、

「欧米《おうべい》の通信制度《つうしんせいど》の規則《きそく》がのっている本をさがしたが見つからない。ならば海外に出かけたことのある人に聞くしかない。」

ところが洋行帰りの人にたずねても、通信事情《つうしんじじょう》に目を留《と》めた人はなかなか見つかりません。ただひとり、渋沢栄一《しぶさわえいいち》だけは、フランスの切手を見せて、こう言いました。

「この切手というものを、書状《しょじょう》の表にはり付《つ》けて送るのです。」

「ええ、私《わたくし》も長崎《ながさき》で切手を見ました。これで料金《りょうきん》が先に払《はら》われたことがわかるのですね。」

しかし、密《ひそか》は再使用《さいしよう》を防《ふせ》ぐための「消印《けしいん》」をまだ知りません。

「切手を何度も使われたら困《こま》る。いい案《あん》はないかな。」

そこで思いついた方法《ほうほう》は、

「そうだ、はがして使えないようにするには、ぬらすとすぐ破《やぶ》れる薄《うす》い紙を使えばいいかもしれない。」

こうして、いろいろなアイディアを考えながら、新しい通信制度《つうしんせいど》の開設準備《かいせつじゅんび》を整えていきました。

九 イギリスで郵便制度《ゆうびんせいど》を学ぶ

密《ひそか》は、新しい通信制度《つうしんせいど》の名称《めいしょう》をみんなで考えました。

「人びとが呼《よ》びなれている飛脚《ひきゃく》という言葉を使って、飛脚便《ひきゃくびん》がいい。」

「しかし、それでは新しい国営《こくえい》の制度《せいど》ということが伝《つた》わらないのではないか。」

いろいろな意見が出ました。

「中国では、馬をのりついで運ぶことを駅逓《えきてい》、徒歩《とほ》で運ぶのを郵逓《ゆうてい》と呼《よ》んでいて、それをもとに江戸《えど》時代の漢学者が飛脚便《ひきゃくびん》を郵便《ゆうびん》とも呼《よ》んでいる。郵便《ゆうびん》という名が良《よ》いのではないか。」

われながら良《よ》い名だと、密《ひそか》は自分の提案《ていあん》に満足《まんぞく》しましたが、

「郵便《ゆうびん》では、耳なれないなあ。」

「駅逓便《えきていびん》が良《よ》いのではないか。」

と反対意見もありました。しかし密《ひそか》は
「ご意見はもっともですが、名称《めいしょう》は簡単《かんたん》で呼《よ》びやすくなければならない。郵便《ゆうびん》という名は口調も良《よ》いではないか。」

めずらしく密《ひそか》は自説《じせつ》をおしとおして「郵便《ゆうびん》」と定めました。


そんなときに突然《とつぜん》、密《ひそか》にイギリス派遣《はけん》の命令《めいれい》がくだされました。

イギリス派遣《はけん》の目的《もくてき》の一つは、鉄道建設《けんせつ》の資金調達《しきんちょうたつ》の契約《けいやく》をたのんでいたイギリス人ネルソン・レイとの間でトラブルになっていて、この契《けい》約《やく》を破棄《はき》すること。

そして、もう一つの目的《もくてき》は、当時の日本の紙幣《しへい》に偽造《ぎぞう》が多かったため、西洋の高い技術《ぎじゅつ》で偽造《ぎぞう》のできない新紙幣《しへい》を製造《せいぞう》して持ち帰ることでした。

一八七〇（明治三《めいじ》）年六月二十八日、密《ひそか》は、特命弁務使《とくめいべんむし》・上野景範《うえのかげのり》の副使《ふくし》として、横浜《よこはま》からアメリカ経由《けいゆ》でイギリスに向かいました。密《ひそか》一行を乗せた船は太平洋郵便蒸気《ゆうびんじょうき》船会社の、郵便物《ゆうびんぶつ》をのせた郵便《ゆうびん》汽船（郵《ゆう》船《せん》）です。

十日ばかりたつと、船中に掲示《けいじ》が出ました。

「明日、アメリカからアジアに向かうアメリカのメイル汽船と連絡《れんらく》するので、日本に送る手紙があれば船内のメイルボックスに差《さ》し出すこと、と書いてある。えっ、船内にも郵便取扱所《ゆうびんとりあつかいしょ》があるのか。」

密《ひそか》は、太平洋の真ん中で、郵便《ゆうびん》のやりとりが行われていることを知り、郵便《ゆうびん》事業が世界をまたにかけて行われていることにおどろきました。

「アメリカでは、壮大《そうだい》な郵便《ゆうびん》事業が国の補助《ほじょ》のもとで行われている。それに比《くら》べてわが国では、まだ国内の一部で郵便《ゆうびん》を始めたばかりだ。もっと大きくしなければならない。」

また密《ひそか》はこの船のなかで、「消印《けしいん》」というスタンプを知りました。「消印《けしいん》というのは、便利《べんり》なものだ。書状《しょじょう》にはられた切手の上にこのスタンプを押《お》せば、切手の再使用《さいしよう》を防《ふせ》ぐことができる。さっそく、このことを日本に知らせよう。」

密《ひそか》は、消印《けしいん》について手紙にくわしく書いて、船内のメイルボックスに入れて日本に送りました。

さて、アメリカに着いた一行は、郵便《ゆうびん》事業について調査《ちょうさ》を始めました。

「あ、あれが郵便《ゆうびん》馬車だ。」

アメリカでは、市街地《しがいち》に郵便《ゆうびん》馬車が走り、大陸横断《たいりくおうだん》の郵便《ゆうびん》列車もありました。そして国の一つの省《しょう》が通信《つうしん》事業を管理《かんり》していて、長官《ちょうかん》は大臣《だいじん》クラスです。

「すべてが想像《そうぞう》していた以上《いじょう》だ。通信《つうしん》が自由に行われ、通信網《つうしんもう》が広がっている。」

密《ひそか》一行がアメリカからイギリスに向かうため、大西洋をわたった船も郵便《ゆうびん》汽船でした。

「イギリスは、一八四〇年に世界にさきがけて近代郵便制度《ゆうびんせいど》を実施《じっし》した国だ。イギリスの郵便制度《ゆうびんせいど》のすべてを学んで日本に持ち帰ろう。」

欧州《おうしゅう》に着いた密《ひそか》は、公務《こうむ》の合間に各国《かっこく》の郵便局《ゆうびんきょく》を見学して、郵便《ゆうびん》局員から直接話《ちょくせつ》を聞き、広く情報《じょうほう》を集めました。その後ロンドンにしばらく滞在《たいざい》し、駅逓院《えきていいん》や郵便局《ゆうびんきょく》をたずねて、郵便《ゆうびん》の運営状況《うんえいじょうきょう》を調べました。

「重要《じゅうよう》な点は、郵便《ゆうびん》事業を国営《こくえい》で行うこと。同一種類《しゅるい》の郵便《ゆうびん》物の料金《りょうきん》は、遠近にかかわらず同じにすること。そして料金《りょうきん》は前納《ぜんのう》で、先に払《はら》った証《しょう》拠《こ》として切手を買ってはることだ。世界最初《さいしょ》の切手は、三十年も前にイギリスで発行されている。」

欧米《おうべい》の諸国《しょこく》は、イギリスにならってこうした近代郵便制度《ゆうびんせいど》をすでに取り入れていました。

「日本も欧米《おうべい》に追いつかなければならない。イギリスの郵便局《ゆうびんきょく》でやって

1840年にイギリスで発行された世界最初《さいしょ》の切手。肖像《しょうぞう》はヴィクトリア女王。黒い１ペニー切手は「ペニー・ブラック」、青い２ペンス切手は「ペンス・ブルー」と呼《よ》ばれている。

いる郵便為替《ゆうびんかわせ》、郵便貯金《ゆうびんちょきん》、郵便保険《ゆうびんほけん》の制度《せいど》も、日本に持ち帰って実現《じつげん》しよう。」

こうして密《ひそか》一行は、一八七一（明治四《めいじ》）年五月に、日本に向かって帰《き》途《と》につきました。その少し前の三月一日、日本では、密《ひそか》の草案《そうあん》どおり郵《ゆう》便《びん》事業が東京《とうきょう》・京都《きょうと》・大阪《おおさか》の間で始まりました。帰国の途中《とちゅう》、これを知った密《ひそか》は大いに喜《よろこ》びました。

八月十五日、密《ひそか》は日本に帰国し、その足で築地《つきじ》の大隈重信《おおくましげのぶ》宅《たく》に向かいました。

「外遊ご苦労《くろう》でした。国内の郵便《ゆうびん》事業は順調《じゅんちょう》にいっていますよ。」

「欧米《おうべい》の旅で、近代郵便制度《ゆうびんせいど》をたくさん学んできました。」

「きみがいない間に、太政官《だじょうかん》のしくみが大きく変《か》わりました。駅逓司《えきていし》は大蔵省《おおくらしょう》に移《うつ》され、大蔵卿《おおくらきょう》（長官《ちょうかん》）には大久保利通《おおくぼとしみち》が、大輔《たいふ》（次官《じかん》）には井上馨《いのうえかおる》が、駅逓頭《えきていのかみ》には浜口儀兵衛《はまぐちぎへえ》が就任《しゅうにん》しました。

「ではさっそく浜口《はまぐち》さんをたずねて、欧米《おうべい》で見てきた郵便制度《ゆうびんせいど》について話しましょう。」

ところが浜口《はまぐち》を訪《たず》ねると、浜口《はまぐち》は欧米《おうべい》の文明をよく知らず、通信制度《つうしんせいど》を拡張《かくちょう》する意見を持っていませんでした。

「このままでは日本の郵便制度《ゆうびんせいど》はだめだ。すぐに改革《かいかく》を進めなければならない。」

密《ひそか》は意を決して、井上大輔《いのうえたいふ》に自分を駅逓頭《えきていのかみ》にするように願《ねが》い出ました。

「井上《いのうえ》さん。いますぐ欧米《おうべい》の進んだ郵便制度《ゆうびんせいど》を日本に取り入れなければ、日本は置《お》いて行かれてしまいます。ぜひ、欧米《おうべい》で学んできたわたしを駅逓頭《えきていのかみ》にしてください。」

そのかいあって、二日後に、密《ひそか》は駅逓頭《えきていのかみ》に任《にん》ぜられました。

十 郵便《ゆうびん》・交通の改革《かいかく》で近代日本をつくる

一八七一（明治《めいじ》四）年三月一日に郵便制度《ゆうびんせいど》がスタートする前に、「書《しょ》状《じょう》を出す人の心得《こころえ》」が発表されました。これは、初《はじ》めて郵便《ゆうびん》を利用《りよう》する人のために、どのように出せば良《よ》いか、切手はどこで買えるか、書状《しょじょう》の重さと料金《りょうきん》などについての注意事項《じこう》をわかりやすく説明《せつめい》してあります。また東京《とうきょう》・京都《きょうと》間は七十三時間、東京《とうきょう》・大阪《おおさか》間は七十八時間で結《むす》び、毎日、決められた時刻《じこく》に東西から出発することも決まりました。

新式郵便制度《ゆうびんせいど》では、東京《とうきょう》・京都《きょうと》・大阪《おおさか》の三都に郵便《ゆうびん》役所が置《お》かれ、東海道の各《かく》宿駅のなかに郵便取扱《ゆうびんとりあつかい》所（郵便《ゆうびん》局）が六十二か所開設《かいせつ》されました。ほかに書状《しょじょう》を出す場所としては、東京《とうきょう》十二か所、京都《きょうと》五か所、大阪《おおさか》八か所に「書状集め箱《しょじょう》（ポスト）」が設置《せっち》され、その近くに切手の販売《はんばい》所が設《もう》けられました。また、街道筋用《かいどうすじよう》の郵便《ゆうびん》ポストは上り用と下り用の二個設置《こせっち》されました。

郵便《ゆうびん》ポストからは、決まった時刻《じこく》に書状《しょじょう》が取り集められ、「検査済《けんさずみ》」と書かれた日本最初《さいしょ》の消印《けしいん》が切手に押《お》されました。

この年の十二月には、郵便《ゆうびん》が長崎《ながさき》まで拡張《かくちょう》され、翌年《よくねん》七月には、郵便《ゆうびん》の全国実施《じっし》が実現《じつげん》しました。郵便取扱所《ゆうびんとりあつかい》も翌年《よくねん》には全国で一千か所をこえました。

料金《りょうきん》は、初《はじ》めは京都《きょうと》までいくら、大阪《おおさか》までいくらと「あて先」ごとに定められていたので、いちいち確《たし》かめるのが不便《ふべん》でした。それを距離別《きょりべつ》の一律料金《いちりつりょうきん》に改定《かいてい》し、全国を通じて最高額《さいこうがく》は五銭《せん》と定められました。

「これまでの飛脚《ひきゃく》より、はるかに安く届《とど》けることができるようになった。やはり国営《こくえい》で全国一つの組織《そしき》だからこそできたことだ。」

密《ひそか》はつぎつぎと改革《かいかく》を進めていきます。

このころ「郵便規則《ゆうびんきそく》」が公布《こうふ》され、書状《しょじょう》だけでなく雑誌《ざっし》や新聞紙や書籍《しょせき》などの取《と》り扱《あつか》いが始まりました。新聞の郵送料金《ゆうそうりょうきん》は書状《しょじょう》の半額《はんがく》でした。ところが、当時は新聞がまだ発達《はったつ》しておらず、日刊紙《にっかんし》は一紙しかありませんでした。密《ひそか》が欧米《おうべい》を視察《しさつ》したとき、欧米《おうべい》では新聞がひろく普及《ふきゅう》していて、郵便《ゆうびん》で配達《はいたつ》している例《れい》をたくさん見てきました。

「なんとかはやく新聞を広めたい。人にたのんでもなかなか実現《じつげん》しないなら、自分で発刊《はっかん》しよう。」

密《ひそか》は、出版経験《しゅっぱんけいけん》のある人の協力《きょうりょく》をえて、自ら新聞を発刊《はっかん》しました。こうして一八七二（明治《めいじ》五）年、六月に創刊《そうかん》されたのが『郵便報知《ゆうびんほうち》新聞』です。これは半紙を二つ折《お》りにして六枚《まい》つづりにしたもので、月五回刊《かん》行《こう》しました。

「各地《かくち》の物産《ぶっさん》や耕作《こうさく》の状況《じょうきょう》、災害《さいがい》の情報《じょうほう》など、全国のニュースを新聞にのせて、郵便《ゆうびん》で読者のもとに送れば、よろこんでもらえるだろう。」

そして一年後には、毎日刊行《かんこう》するようになりました。

当時の新聞は、文章がむずかしく漢字も多いので意味を理解《りかい》しづらい人もいました。そこで、かねてから漢字廃止論《はいしろん》を主張《しゅちょう》してきた密《ひそか》は、漢字を用いず、全文「ひらがな」書きの新聞を新たに発行しました。これが『まいにち　ひらがな　しんぶんし』です。

「これで漢字が読めない人たちにも、毎日の情報《じょうほう》を伝《つた》えることができる。」

密《ひそか》は、とても満足《まんぞく》していましたが、この時代は、まだ一般《いっぱん》の人びとに新聞を読む習慣《しゅうかん》が広まっていなかったので、残念《ざんねん》ながら、『まいにち

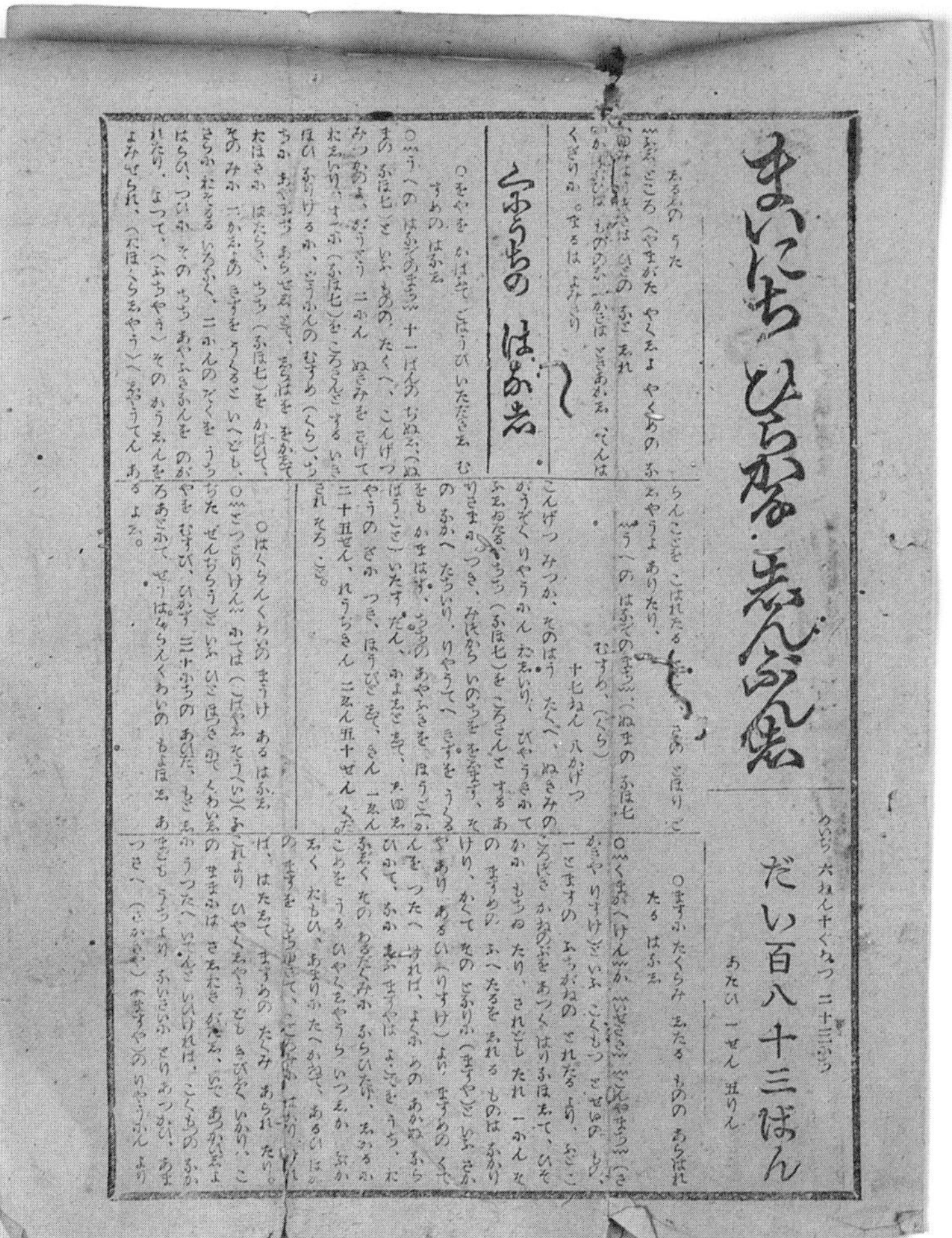
まいにちひらかな志んぶん志
だい百八十三ばん

まいにちひらかな志《し》んぶん志　だい百八十三ばん
役所の公報欄《こうほうらん》を「おふれがき」、国内の事件《じけん》を「くにうちのはなし」、外国の話《わ》題《だい》を「がいこくのはなし」とするなど、だれにでも読めるように工夫されている。
郵政博物館所蔵

ひらがな　しんぶんし』はまったく売れず、その年のうちに廃刊《はいかん》になりました。

さて、新しい交通機関《きかん》が開設《かいせつ》されるようになると、郵便《ゆうびん》の運送も、配《はい》達《たっ》人の足にたよるだけでなく、乗り物を利用《りよう》するようになりました。

一八七二（明治《めいじ》五）年、鉄道が品川・横浜《よこはま》間で開通すると、さっそく郵便物《ゆうびんぶつ》の鉄道輸送《ゆそう》が始まりますが、鉄道路線が全国に拡大《かくだい》するのはずっと後のことです。

そこで密《ひそか》が思いついたのは、人力車（人車《じんしゃ》という）の利用《りよう》でした。

「人力車は、馬の代わりに人の力を用いた、わが国独特《どくとく》の発明だ。東海道の主要《しゅよう》な駅に人力車を配備《はいび》しよう。」

しかし、道路事情《じじょう》が悪くて車がこわれることが多く、廃止《はいし》になりました。

つぎに密《ひそか》は、馬の利用《りよう》を考え、東京《とうきょう》市内に一日三回、乗馬による集配が開始されました。

「騎兵《きへい》が出陣《しゅつじん》するときのような出《い》で立《た》ちだ。」

町ではその姿《すがた》が話題になり、郵便《ゆうびん》事業の広告《こうこく》に役立ったようです。

また郵便《ゆうびん》馬車が、東京《とうきょう》・高崎《たかさき》間で走るようになり、東海道でも運行しました。

「郵便《ゆうびん》が発展《はってん》するには、船は欠《か》かせない運送手段《しゅだん》だ。」

イギリス出張《しゅっちょう》のおり、郵便物《ゆうびんぶつ》を運送する「郵便《ゆうびん》汽船」に乗船したことのある密《ひそか》は、郵便《ゆうびん》海運に特別《とくべつ》の関心《かんしん》を持っていました。

密《ひそか》は、政府《せいふ》が所有している汽船を民間《みんかん》に払《はら》い下げ、「日本政府郵便蒸気船会社《せいふゆうびんじょうきせんかいしゃ》」を設立《せつりつ》し、東京《とうきょう》・大阪《おおさか》間、函館《はこだて》・石巻《いしのまき》間で運行させ、郵便《ゆうびん》海運に役立てました。

翌《よく》一八七三（明治《めいじ》六）年、郵便《ゆうびん》は北海道全域《ほっかいどうぜんいき》から九州までに達《たっ》し、お

東京府下《ふか》名所尽《めいしょつくし》　四日市駅逓寮《えきていりょう》（集配員建物馬車）三代目広重（1874 年）
馬に乗る郵便配達《ゆうびんはいたつ》夫《ふ》も見られる。正面の時計塔《とけいとう》が、新事業の郵便《ゆうびん》と文明開化のシンボルとして東京名所の一つとなった。奥の旗《はた》をたてている建物《たてもの》は第一国立銀行。　郵政博物館所蔵

もだった町村に郵便取扱所《ゆうびんとりあつかいしょ》が開設《かいせつ》されました。そして料金《りょうきん》も、距離《きょり》によるのではなく、書状《しょじょう》は二匁《もんめ》（七・五グラム）ごとに二銭《せん》というふうに、全国均一料金制《きんいつりょうきんせい》を導入《どうにゅう》しました。

「ついに念願《ねんがん》の全国均一料金《きんいつりょうきん》を実現《じつげん》した。これで全国民《ぜんこくみん》が公平に郵便《ゆうびん》を利用《りよう》できるようになる。」

密《ひそか》が欧米《おうべい》旅行で学んだ制度《せいど》が、また一つ実現《じつげん》しました。

この年の十二月*、日本最初《さいしょ》の「郵便《ゆうびん》はがき」が発行されました。料金《りょうきん》は書状《しょじょう》の半額《はんがく》です。初期《しょき》の「はがき」は薄紙《うすがみ》を二つに折《お》ったもので、現在《げんざい》の「はがき」のように一枚《まい》の紙の形になったのは、一八七五（明治《めいじ》八）年のことです。

ところで、「はがき」という名前は、当時の現物《げんぶつ》には「郵便《ゆうびん》はかき」と示《しめ》されています。その後の書類《しょるい》などには「端書《はしがき》」や「葉書」の文字が見られますが、これについて密《ひそか》は、「葉書」がいう名称《めいしょう》が正しいとして

*この年、1873（明治6）年より、現在《げんざい》と同じ太陽暦《たいようれき》の使用が開始された

います。

こうして近代郵便《ゆうびん》の制度《せいど》を確立《かくりつ》した密《ひそか》は、さらに、イギリスにならって「郵便為替《ゆうびんかわせ》」と「郵便貯金《ゆうびんちょきん》」などの郵便局《ゆうびんきょく》による金融《きんゆう》サービスを立案《りつあん》し、スタートさせています。

「さあ、つぎは世界にむかって外国郵便《ゆうびん》を実現《じつげん》させることだ。」

密《ひそか》は、イギリスに派遣《はけん》されたときから、外国郵便《ゆうびん》を実現《じつげん》しなければならないと考えていました。日本にもどるとすぐ、横浜《よこはま》の居留地《きょりゅうち》にあったイギリス・アメリカ・フランスの郵便局《ゆうびんきょく》をおとずれて話を聞き、準備《じゅんび》を進めていたのです。

そして一八七五（明治八《めいじ》）年一月一日から、日米郵便交換条約《ゆうびんこうかんじょうやく》によってアメリカとの間に外国郵便《ゆうびん》の取り扱《あつか》いが開始され、一月八日、密《ひそか》が自ら建築《けんちく》の図面をつくった洋風木造《もくぞう》二階建《だ》ての横浜郵便局《よこはまゆうびんきょく》で、外国郵便《ゆうびん》の開業式が行われました。

当日は、門口に菊花紋形《きくかもんがた》の大ガス灯を点灯《てんとう》し、海軍軍楽隊《かいぐんぐんがくたい》が演奏《えんそう》するなか、太政官《だじょうかん》の高官《こうかん》をはじめ、各国《かっこく》公使や領事《りょうじ》らが招待《しょうたい》されて、盛大《せいだい》な儀式《ぎしき》が行われました。

そして一八七七（明治《めいじ》十）年、日本は郵便《ゆうびん》の国際組織《こくさいそしき》である万国郵便《ゆうびん》連合《れんごう》に加盟《かめい》することができました。

「ようやく、わが国の郵便《ゆうびん》が、世界に道を開くことができた。」

密《ひそか》は感慨《かんがい》にひたりました。

その後、密《ひそか》は駅逓総官《えきていそうかん》となり、郵便《ゆうびん》や陸《りく》海運の発展《はってん》につくしてきましたが、一八八一（明治《めいじ》十四）年に辞任《じにん》しました。

密《ひそか》は以前《いぜん》から、かなを使ったやさしい日本語で教育を広く普及《ふきゅう》したいと思っていました。それは近代日本の基礎《きそ》をつくるには教育が大事という考えがあったからです。

そこで、大隈重信《おおくましげのぶ》が設立《せつりつ》した東京専門《とうきょうせんもん》学校（のちの早稲田《わせだ》大学）の精《せい》神《しん》（西洋の学問も日本語で修得《しゅうとく》し、学問の独立《どくりつ》を重んじて、日本の文明を進める）に賛同《さんどう》して学校経営《けいえい》にも参加《さんか》し、その後、校長となりました。

一八八五（明治《めいじ》十八）年に内閣制度《ないかくせいど》が発足すると、通信《つうしん》と交通を統括《とうかつ》する「逓信省《ていしんしょう》」が新設《しんせつ》されました。逓信次官《ていしんじかん》となった密《ひそか》は、郵便《ゆうびん》局と電《でん》信《しん》局を統合《とうごう》して郵便電信局《ゆうびんでんしんきょく》としました。また電話の開設《かいせつ》に力をつくし、官営《かんえい》の電話交換業務《こうかんぎょうむ》を東京横浜間《とうきょうよこはまかん》に開設《かいせつ》しました。

密《ひそか》が生まれ育った越後《えちご》は雪深い地でした。そのふるさとに蒸気機関《じょうききかん》車を走らせるのが、密《ひそか》の願《ねが》いの一つでした。

密《ひそか》は、ふるさとに鉄道を通すため、一八九四（明治《めいじ》二十七）年に北越《ほくえつ》鉄道会社を創立《そうりつ》して、自ら創立《そうりつ》委員長になりました。それから北陸《ほくりく》海岸の難所《なんしょ》を越《こ》える大工事が進められ、長いトンネル工事や、大洪水《だいこうずい》や豪雨《ごうう》被害《ひがい》にも見まわれ、資金《しきん》ぐりにも苦労《くろう》しました。しかし密《ひそか》は、ふるさとのために役に立ちたいという信念《しんねん》をつらぬき、いくたの困難《こんなん》を乗り越《こ》えて、五年後に直江津《なおえつ》から新潟《にいがた》（沼垂《ぬったり》）間を開通させました。

密《ひそか》は、郵便《ゆうびん》とは、「人と人の心を結《むす》ぶシステム」と考えていました。そのためには各地《かくち》を結《むす》ぶ陸運《りくうん》や海運のシステム化も必要《ひつよう》です。電信《でんしん》・電話もふくめて近代日本の情報伝達《じょうほうでんたつ》のためのインフラ整備《せいび》のために、密《ひそか》は人生をかけて取り組みました。

その功績《こうせき》によって、一九〇二（明治《めいじ》三十五）年には、男爵《だんしゃく》を授《さず》けられ華族《かぞく》になりました。その後、貴族院議員《きぞくいんぎいん》にも選《えら》ばれています。喜寿《きじゅ》（七十七歳《さい》）をむかえた密《ひそか》は、体力・気力のおとろえを感じ、ほとんどの役職《やくしょく》から退《しりぞ》きました。そして、神奈川県芦名《かながわけんあしな》（いまの横須賀市《よこすかし》）

に隠居《いんきょ》して、村人と交流したり、自然《しぜん》に親しんだり、穏《おだ》やかな生活を続《つづ》けました。

そして一九一九（大正八）年、八十四歳《さい》の生涯《しょうがい》をとじました。

おわりに

鈴木《すずき》　悦子《えつこ》

前島密《まえじまひそか》が生まれた江戸《えど》時代の終わりは、みなさんも知っている坂本龍《さかもとりょう》馬《ま》や高杉晋作《たかすぎしんさく》などの志士《しし》が活躍《かつやく》して、幕府《ばくふ》の政治《せいじ》から新しい政治《せいじ》へと日本を変《か》えようとしていた時代でした。

そして江戸幕府《えどばくふ》がたおれ、天皇《てんのう》を中心とした明治政府《めいじせいふ》がつくられると、西郷隆盛《さいごうたかもり》、大久保利通《おおくぼとしみち》、木戸孝允《きどたかよし》らが政治《せいじ》や社会の改革《かいかく》を進めていきました。西洋の文明に目覚《めざ》めた日本は、近代化に乗りおくれないような社会の基礎《きそ》を急速につくりあげていったのです。

その改革《かいかく》事業はリーダーたちだけで実現《じつげん》できるものではありません。かれらのもとで働《はたら》いた、密のような能力《のうりょく》と行動力のある人間がいたからこそできたのです。

密は、郵便制度《ゆうびんせいど》だけでなく、鉄道、運送、新聞、教育、電信《でんしん》、電話など、近代日本の国づくりに必要《ひつよう》な事業の整備《せいび》を行い、大きな業績《ぎょうせき》をあげました。これほどまでに多くの分野で近代化に力をつくしたのは、密をおいてほかにいないでしょう。


しかし、密は決してそのことを自慢《じまん》したり、思いあがったりすることはありませんでした。

「人の業績《ぎょうせき》は、鳥が雪どけのぬかるみに残《のこ》した爪《つめ》あとのように消えていくものだ。」

と密は語っています。また、

「縁《えん》の下の力持ちになることをいやがるな。人のためによかれと願《ねが》う心を常《つね》にもて。」ともいっています。

貧《まず》しかった幼《おさな》いころに母に教えられた、人を思うやさしい心を大切にして、高い志《こころざし》とそれを実現《じつげん》する強い意志《いし》をもって、苦難《くなん》の道を歩いてきた密だからこそ、こうした偉業《いぎょう》を達成《たっせい》することができたのです。

そして郵便《ゆうびん》、鉄道、電話など、すべての人が平等に利用《りよう》できる便利《べんり》な制度《せいど》をつくることで、日本の人びとをつなぎたいという思いが、密の心の底《そこ》にあったのだと思います。

資料
しりょう

前島密
まえじまひそか

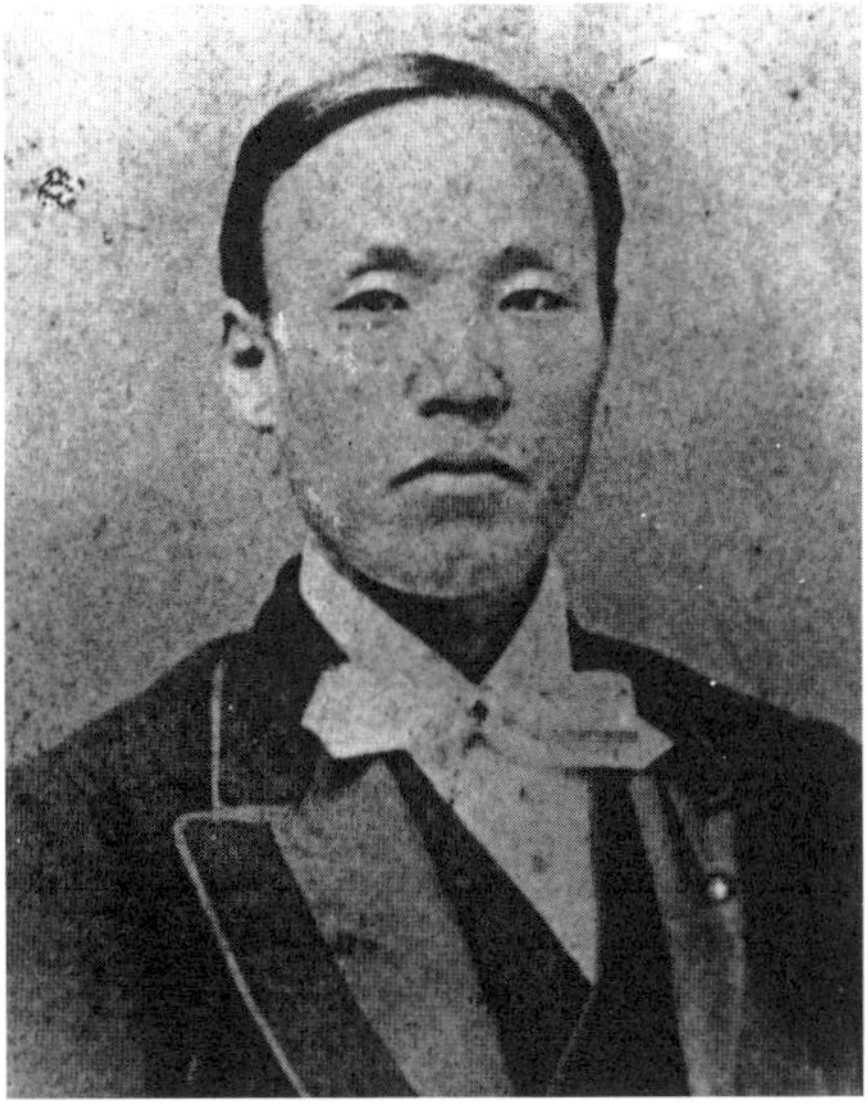

前島密をとりまく人びと

江戸《えど》から明治《めいじ》、大正《たいしょう》と時代が移るなかで、世界の国ぐにと交流をもち、新しい日本の制度《せいど》をつくるために力をつくした人たちです。

岩瀬忠震《いわせただなり》

一八一八年〜一八六一年

幕末《ばくまつ》の外国奉行。ペリーが黒船で来航《らいこう》したとき対外交渉《こうしょう》にあたる。その後ハリスと交渉《こうしょう》し、日米修好通《しゅうこうつう》商条約《しょうじょうやく》に調印《ちょういん》。その後も外国奉行として、オランダやフランスなどと安政《あんせい》の五カ国条約《じょうやく》のすべての調印《ちょういん》者となった。しかし、十三代将軍家定《しょうぐんいえさだ》の後継《あとつぎ》問題で大老の井伊直弼《いいなおすけ》の怒《いか》りを買い、「安政《あんせい》の大獄《たいごく》」で免《めん》職《しょく》させられた。

岩瀬《いわせ》から「これからの志士はオランダ語ではなく英語を学ぶべきである」と諭《さと》されたことが、密が英語を学ぶきっかけとなった。

何礼之《がれいし》

一八四〇年〜一九二三年

名前は、のりゆきとも。幼名は礼之助。肥後国《ひごのくに》（いまの長崎《ながさき》県）で生まれ五歳《さい》で家督《かとく》をつぐ。十五歳《さい》ごろには中国語を修《おさ》めたが、そのころ外国語の需要《じゅよう》が高まったため、さらに英語を学んだ。自宅《じたく》で英語の私塾《しじゅく》を開き、長崎《ながさき》奉行の支援《しえん》で塾舎《じゅくしゃ》を新設《しんせつ》。そこで多くの弟子を育てたが、密もそのひとりとなった。別に塾《じゅく》を開いたときは、密が塾長《じゅくちょう》となる。江戸《えど》でも塾《じゅく》を開き、のちに幕府陸軍総裁《ばくふりくぐんそうさい》・勝海舟《かつかいしゅう》の通訳《つうやく》をつとめた。明治維新後《めいじいしんご》は欧米派遣使節《おうべいはけんしせつ》（岩倉使節団《いわくらしせつだん》）に随行《ずいこう》。帰国後は内務省《ないむしょう》に出仕、翻《ほん》訳《やく》事務などの活躍《かつやく》をした。

大隈重信《おおくましげのぶ》　一八三八年～一九二二年

武士《ぶし》（佐賀藩士《さがはんし》）の出身。第八・十七代内閣総理大《ないかくそうりだい》臣《じん》をつとめるなど明治政府《めいじせいふ》の最高首脳《さいこうしゅのう》の一人。現在《げんざい》の暦《こよみ》であるグレゴリオ暦《れき》の導入《どうにゅう》、鉄道、貨幣制度《かへいせいど》の整備《せいび》など、今日に残《のこ》るさまざまな功績《こうせき》を残《のこ》している。明治初期《めいじしょき》の外交・財政《ざいせい》・経済《けいざい》に大きな影響《えいきょう》をおよぼした。

東京専門学校（現在《げんざい》の早稲田《わせだ》大学）の創設者《そうせつしゃ》であり、初代総長《しょだいそうちょう》をつとめた。

密は大隈《おおくま》から鉄道建設《けんせつ》のための案《あん》を作成するよう命じられ、土木・建設費《けんせつひ》や収入支出《しゅうにゅうししゅつ》の計算書「鉄道臆《てつどうおく》測《そく》」を数日でまとめあげている。この結果《けっか》、東京・横浜間の鉄道建設《けんせつ》が決定された。

武田斐三郎《たけだあやさぶろう》　一八二七年～一八八〇年

明治《めいじ》時代からは成章《しげあきら》の名を使った。大坂《おおさか》で医学やオランダ語を学ぶ一方、英語・フランス語も学んだ。ペリー来航《らいこう》のときは、調査《ちょうさ》に行き、『三浦《みうら》見聞記』を書いた。ロシア使節《しせつ》の来航時《らいこうじ》は、プチャーチンとの交渉《こうしょう》のために長崎《ながさき》へ向かった。

箱館戦争《はこだてせんそう》の舞台《ぶたい》となる洋式城郭《じょうかく》「五稜郭《ごりょうかく》」を設計《せっけい》。諸術調所《しょじゅつしらべしょ》の教授《きょうじゅ》となり、そこで密が航海術《こうかいじゅつ》などを学んだ。日本で初《はじ》めての洋船「箱館丸《はこだてまる》」で航海《こうかい》に出るなどさまざまな逸話《いつわ》がある。

江戸《えど》へもどり兵学教授となると、明治《めいじ》に入って陸軍《りくぐん》士官《しかん》学校教授《きょうじゅ》をつとめ、科学技術《ぎじゅつ》の指導者《しどうしゃ》となった。

大久保《おおくぼ》利道《としみち》

一八三〇年～一八七八年

薩摩藩《さつまはん》（いまの鹿児島県《かごしま》）の下級武士《ぶし》の子として生まれる。幼《おさな》なじみに西郷隆盛《さいごうたかもり》がいた。幼《おさな》いころから体が弱く、武芸《ぶげい》に秀《ひい》でることは難《むずか》しかったため勉学にはげんだ。藩《はん》のお家騒動《いえそうどう》に巻《ま》きこまれてしまうが、のちに西郷《さいごう》とともに若手藩士《わかてはんし》のリーダー的存在《てきそんざい》となる。幕府《ばくふ》の力が低下していくと、藩《はん》の政治《せいじ》を倒《とう》幕《ばく》に動かしていく。明治新政府《めいじしんせいふ》では、日本の近代化に向けて力をつくした。

密が鹿児島《かごしま》で英語教師《きょうし》をしていたころに大久保《おおくぼ》と交流がうまれている。都を大坂《おおさか》に移す大坂遷都《おおさかせんと》を提案《ていあん》していた大久保《おおくぼ》に対し、密は江戸《えど》への遷都《せんと》を提案《ていあん》した。この提案《ていあん》は大久保《おおくぼ》らの考えに影響《えいきょう》をあたえ、遷《せん》都先《とさき》は江戸《えど》に決まった。

渋沢栄一《しぶさわえいいち》

一八四〇年～一九三一年

埼玉《さいたま》県の農家に生まれ家業を手伝《てつだ》う一方、幼《おさな》いころから父やいとこの尾高惇忠から本格的《ほんかくてき》に「論語《ろんご》」などを学んだ。尊王攘夷思想《そんのうじょういしそう》の影響《えいきょう》をうけた高崎城《たかさきじょう》乗っ取り計画を断念《だんねん》し、のちに十五代将軍徳川慶喜《しょうぐんとくがわよしのぶ》となった一橋慶喜《ひとつばしよしのぶ》につかえることになる。慶喜《よしのぶ》の実弟・徳川昭武《とくがわあきたけ》に随行《ずいこう》し欧州諸国《おうしゅうしょこく》の実情《じつじょう》を見聞中に明《めい》治維新《じいしん》となり帰国。慶喜《よしのぶ》が住む静岡に商法会所《しょうほうかいしょ》を設立後、新しい国づくりに深く関《かか》わる。役人を辞《や》めたのちは、民間経済人《みんかんけいざいじん》として約五百もの企業《きぎょう》に関わり、約六百の教育機関《きかん》・公共事業を支援《しえん》。民間《みんかん》外交にも力をつくした。

密が維新後《いしんご》に民部省《みんぶしょう》につとめたとき、中心となって旧来の制度《せいど》を改革《かいかく》していたのが渋沢《しぶさわ》だった。

日本の郵便制度《ゆうびんせいど》に影響《えいきょう》をあたえた外国人

ウイリアムズ
一八二九年～一九一〇年

チャニング・ムーア・ウイリアムズ

アメリカのキリスト教宣教師《せんきょうし》。一八五九年、長崎《ながさき》に上陸。日本での宣教《せんきょう》活動が禁止されるなか、一時帰国をする一八六六年まで、集まってきた幕府《ばくふ》の役人、武士《ぶし》、医師などの日本人に英語を教え、世界情勢《じょうせい》についても話した。そのなかには、密や大隈重信《おおくましげのぶ》などもふくまれていた。そのときに密は、ウイリアムズからアメリカの郵便制《ゆうびんせい》度《ど》についても聞いている。

再来日後は、日本各地に教会や学校を設立《せつりつ》。立教《りっきょう》大学の創設者《そうせつしゃ》でもある。

ローランド・ヒル
一七九五年～一八七九年

イギリスの近代郵便制度《ゆうびんせいど》の基本《きほん》を生み出した。「近代郵便制度《ゆうびんせいど》の父」と呼《よ》ばれる。

教師《きょうし》をしたのち、「実用知識普及協会《ちしきふきゅうきょうかい》」の書記となる。政府調査《せいふちょうさ》に対して着想を提案《ていあん》し、『郵便制度改革《ゆうびんせいどかいかく》・その重要性《じゅうようせい》と実用性』という小冊子《しょうさっし》を出版《しゅっぱん》、一八四〇年に法案《ほうあん》が提出《ていしゅつ》された。郵便局《ゆうびんきょく》の職員《しょくいん》となったヒルは、一八四六年に郵政次官《ゆうせいじかん》となり、一八五四年には郵政局長《ゆうせいきょくちょう》となった。

現在《げんざい》もイギリスで発行された切手には国名表示《ひょうじ》がない。それは、近代郵便制度《ゆうびんせいど》がイギリスでスタートし、世界で最初《さいしょ》の切手発行国だということが、国際的《こくさいてき》に認《みと》められているためである。

▲世界最初《さいしょ》の切手のひとつ。

密とゆかりのある場所

密は、医学や英語《えいご》、航海術《こうかいじゅつ》などさまざまなことを学ぶために、日本中を訪《たず》ねました。そのころの移動は徒歩や船だったうえに、今のように電話や郵便《ゆうびん》もなかったので、たいへん苦労をして旅をしました。

二十四歳《さい》で諸術調所《しょじゅつしらべしょ》に入塾《にゅうじゅく》して、航海術《こうかいじゅつ》を学ぶ。箱館丸《はこだてまる》での航海《こうかい》実習で、日本を周回する。

十二歳《さい》のときに医学を志《こころざ》して江戸《えど》に出る。二十二歳《さい》で軍艦教授所《ぐんかんきょうじゅしょ》で学ぶ。三十一歳《さい》で前島家の家をつぎ、のちに明治《めいじ》政府《せいふ》につとめる。

現在《げんざい》の神奈川《かながわ》県横須《よこす》賀《か》市。晩年《ばんねん》はこの地で過《す》ごし、八十四年の人生を閉じた。

越後《えちご》

上越市《じょうえつし》で生まれ、幼少期《ようしょうき》は糸魚川《いといがわ》や高田《たかだ》で十二歳《さい》まで医学や儒学《じゅがく》を学んだ。

駿河《するが》

大政奉還後《たいせいほうかんご》、徳川家《とくがわけ》の公用人として三十三歳《さい》で駿河《するが》に行く。のちに駿河藩《するがはん》につかえる。

神戸《こうべ》

三十二歳《さい》のとき、開港のため、兵庫奉行《ひょうごぶぎょう》所《しょ》で港湾事務《こうわんじむ》にあたる。その後、兵庫奉《ひょうごぶ》行支配《ぎょうしはい》定役になる。

長崎《ながさき》

ウイリアムズらに、英語《えいご》や数学を習う。このときに、アメリカの郵便《ゆうびん》制度《せいど》についての知識《ちしき》を得《え》る。

薩摩《さつま》

英語教師《えいごきょうし》として薩摩藩《さつまはん》から招《まね》かれる。

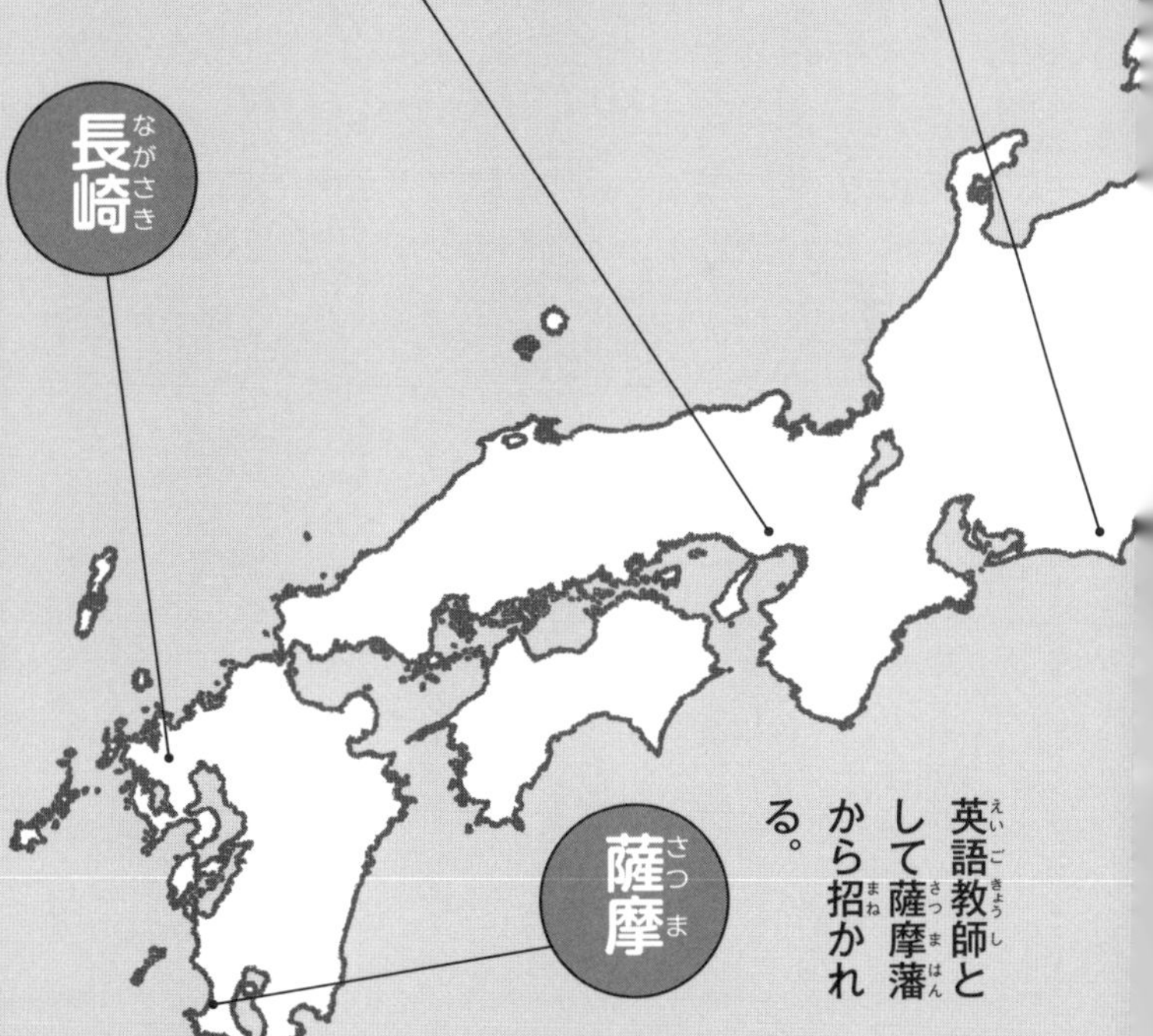

資料

密をもっと知ろう

飛脚《ひきゃく》から郵便《ゆうびん》に

密は、イギリスの新式郵便制度《ゆうびんせいど》を参考に、江戸《えど》時代の飛脚《ひきゃく》の方法をも取り入れて、日本の郵便制度《ゆうびんせいど》を確立《かくりつ》しました。

では、飛脚《ひきゃく》と郵便《ゆうびん》では、どんなところが変《か》わったのでしょう？　郵便制度《ゆうびんせいど》の大きな特徴《とくちょう》は、下の四つです。

ところで、郵便《ゆうびん》の発達で仕事が減《へ》ったため、飛脚《ひきゃく》からは不満《ふまん》がたくさん出ました。そこで密は、飛脚側《ひきゃくがわ》の代表と話し合いをもち、その結果《けっか》、飛脚《ひきゃく》問屋は再組織《さいそしき》されました。小荷物や現金輸送《ゆそう》を担当《たんとう》して、手紙を運ぶ郵便《ゆうびん》と並行《へいこう》して活躍《かつやく》することになったのです。

● **国が経営《けいえい》して、全国ひとつの組織《そしき》に**

飛脚《ひきゃく》は……　たとえば、江戸《えど》と大坂《おおさか》の間はひとつの業者で届《とど》けられたが、そこから先へは別《べつ》の業者に託《たく》された。そのときの連携《れんけい》があまりよくなかったので、届《とど》くまで日数がかかり、うまく届《とど》かないことも多かった。

● **同じ種類《しゅるい》の郵便物《ゆうびんぶつ》は、距離《きょり》にかかわらず均一《きんいつ》料金**

飛脚《ひきゃく》は……　料金はバラバラで、庶民《しょみん》には利用《りよう》が難《むず》しい高額《こうがく》な料金だった。

● **切手で料金を前払《まえばら》い、ポスト投函《とうかん》で依頼《いらい》**

飛脚《ひきゃく》は……　飛脚屋《ひきゃくや》まで足を運んで頼《たの》まなければならなかった。

● **だれでも料金を支払《しはら》えば利用《りよう》できる**

飛脚《ひきゃく》は……　幕府《ばくふ》の公用の文書を運ぶ「継飛脚《つぎひきゃく》」、大《だい》名《みょう》が設けた「大名飛脚《だいみょうひきゃく》」、町人も利用《りよう》した「町飛脚《まちひきゃく》」と、それぞれ利用《りよう》できる人が限《かぎ》られていた。

書《しょ》状《じょう》集め箱

郵便制度《ゆうびんせいど》が始まった一八七一年に、日本で最初《さいしょ》の郵便《ゆうびん》ポストも誕生《たんじょう》しました。書状《しょじょう》（手紙）を集める箱なので「書状集め箱《しょじょう》」と呼《よ》ばれました。木製《もくせい》で、都市（京都・大阪・東京）用と、街道筋用《かいどうすじょう》では形が少しちがっていました。

そのときのものとは形や材質《ざいしつ》が変《か》わりましたが、現在《げんざい》も、郵便《ゆうびん》ポストが手紙を集める役割《やくわり》をはたしています。

▲都市用（京都・大阪市内）

▲街道筋用《かいどうすじょう》

◀新版《しんぱん》ゆうびんいれ（立版古《たてばんこ》）

左上に描《か》かれているポストは、明治34年に試行的《しこうてき》に設置《せっち》された赤色で丸形、鉄製《てつせい》のポスト。その横には、帽子《ぼうし》をかぶり、足に脚絆《きゃはん》を着用した、当時の配達人《はいたつにん》も描《か》かれている。これは立版古《たてばんこ》というもので、1枚《まい》の紙に描《か》かれた絵を切り取り、立体的《りったいてき》に組み立てる「おもちゃ絵」のひとつ。

写真資料は全て郵政博物館所蔵

配達《はいたつ》人《にん》は命がけ

創業《そうぎょう》当時、手紙は配達人《はいたつにん》が足で運んでいました。道中は危険《きけん》も多く、クマやイノシシをよけるためにラッパを持ち歩いていました。また、現金も運んでいたため、強盗《ごうとう》から身を守るために銃《じゅう》を持つことも許《ゆる》されていました。

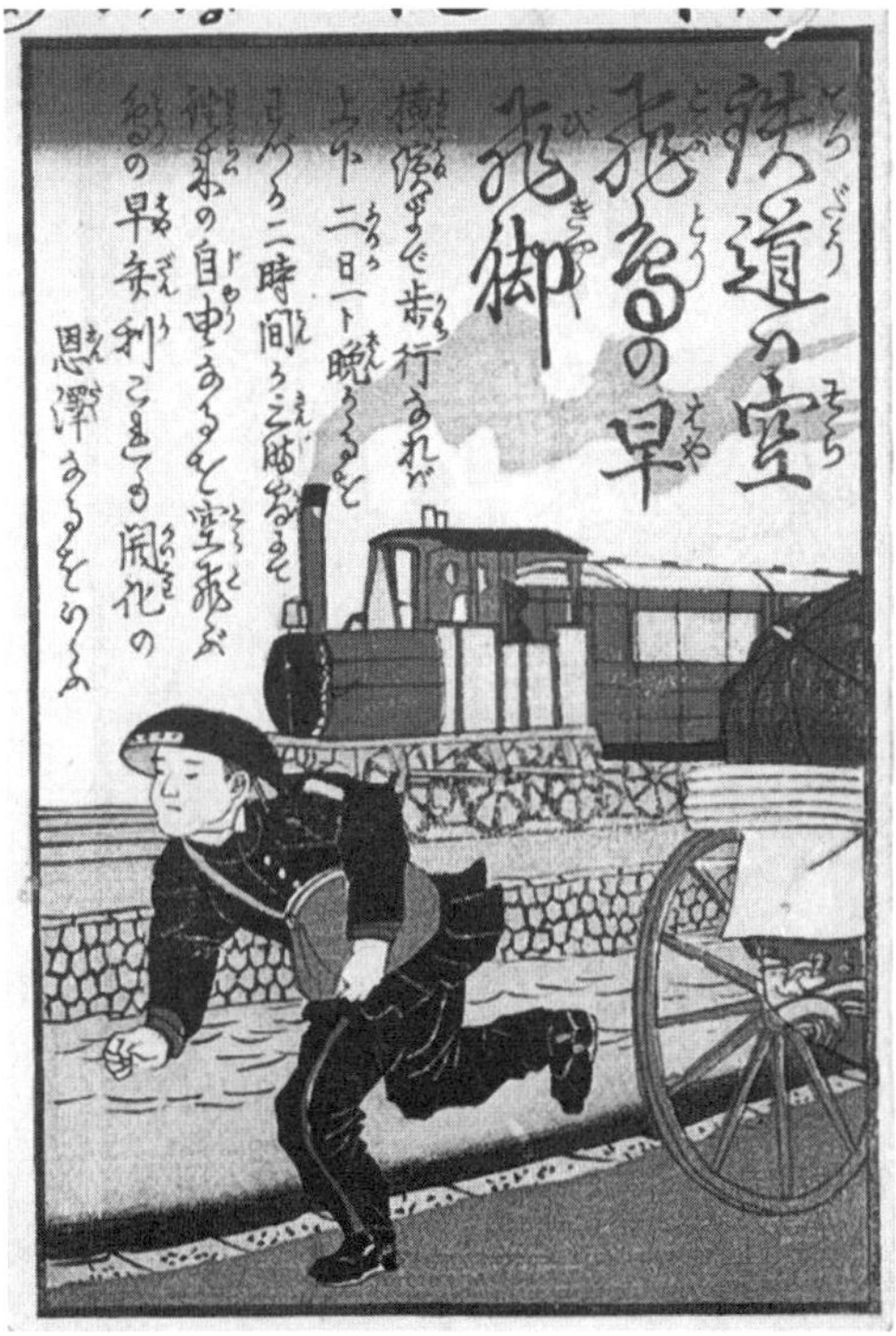

▲開化《かいか》幼早学門《おさなはやがくもん》「鉄道は空飛鳥《とぶ》の早飛脚《はやびきゃく》」
梅堂国政《ばいどうくにまさ》（1876年）

創業《そうぎょう》したばかりの郵便《ゆうびん》が、翌年《よくとし》に開通した鉄道とともに、文明開化を象徴《しょうちょう》するものとして取り上げられている。和装《わそう》が一般的《いっぱんてき》だったそのころ、配達人《はいたつにん》が着ていた洋装《ようそう》の制服《せいふく》は、人びとの目をひいた。

▶郵便物通送人《ゆうびんぶつていそうにん》

1873年ごろの配達人《はいたつにん》を復元《ふくげん》したもの。

▲集配人用肩掛箱《しゅうはいにんようかたかけばこ》

1874年ごろ、小都市で郵便物配達用《ゆうびんぶつはいたつよう》に使っていたかばん。

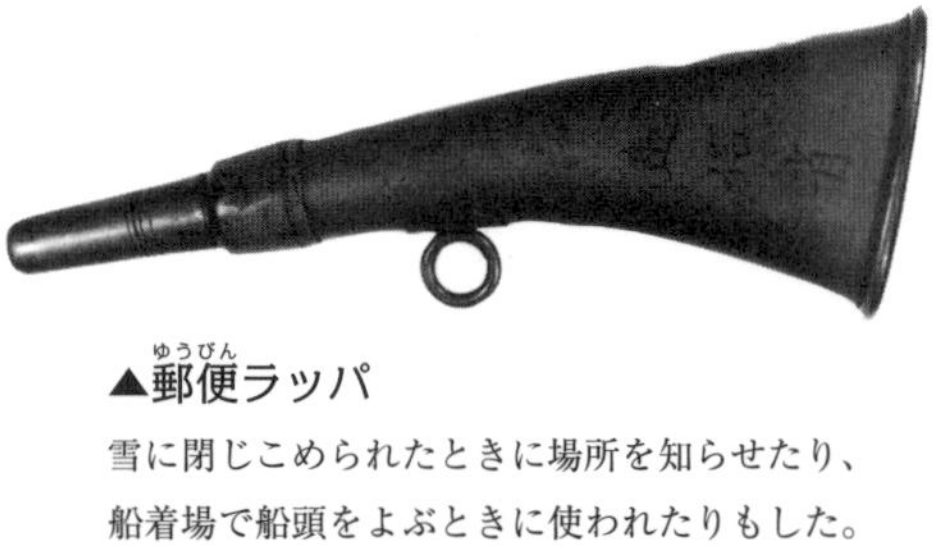

▲郵便《ゆうびん》ラッパ

雪に閉じこめられたときに場所を知らせたり、船着場で船頭をよぶときに使われたりもした。

写真資料は全て郵政博物館所蔵

日本初《はつ》の切手と葉書

日本で最初《さいしょ》に発行されたのは、左の四種類の切手でした。中央に書かれた金額《きんがく》（当時のお金の単位《たんい》は「文《もん》」）によって切手の色がちがいます。この切手が発行されたときの郵便《ゆうびん》料金は、距離《きょり》に比例《ひれい》したものでしたが、二年後に全国統一《とういつ》の料金制度《せいど》になりました。

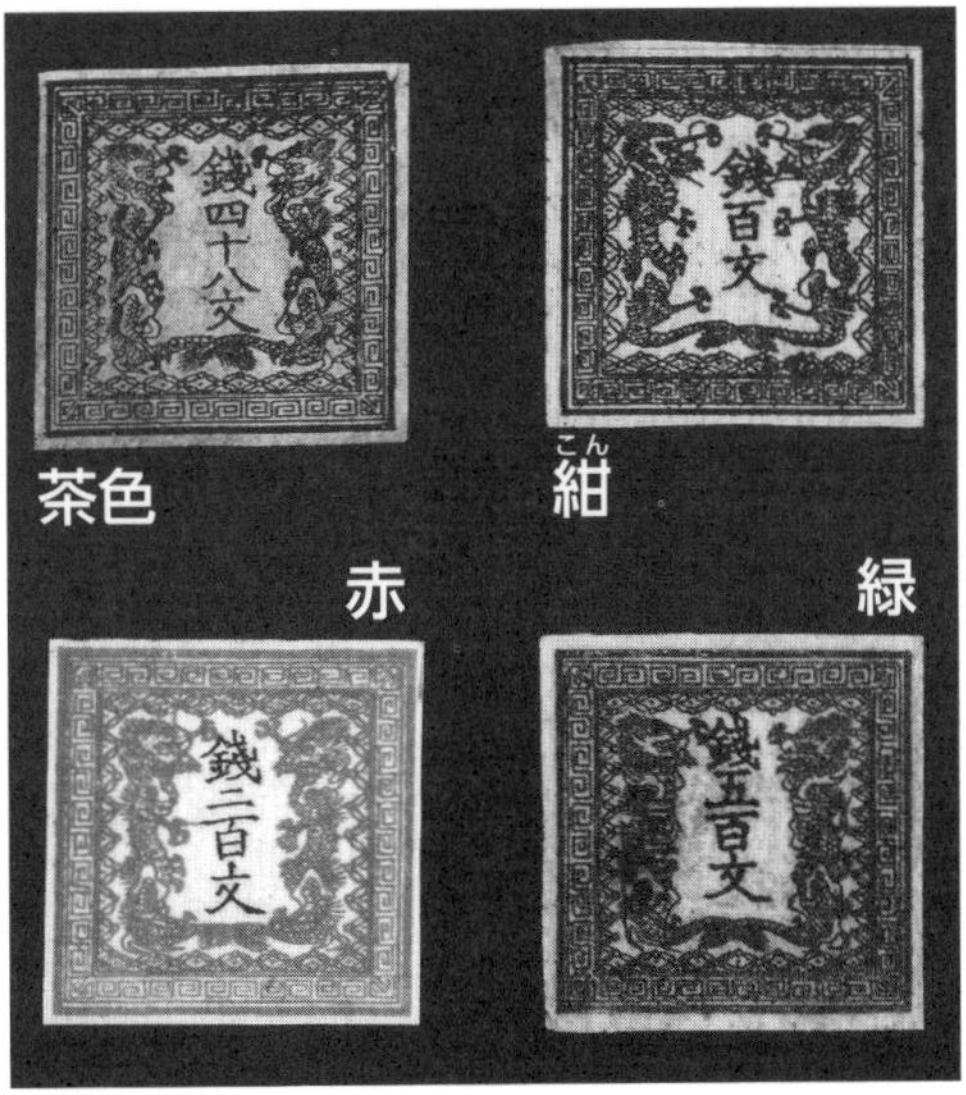

▲日本最初《さいしょ》の切手「竜文《りゅうもん》切手」

偽造《ぎぞう》されないように、まわりに細かい竜《りゅう》の絵があしらわれているため、竜門《りゅうもん》切手と呼《よ》ばれた。

▼日本最初《さいしょ》の郵便《ゆうびん》はがき

1873年に発行。形はいまの往復《おうふく》はがきのような二つ折《お》り。

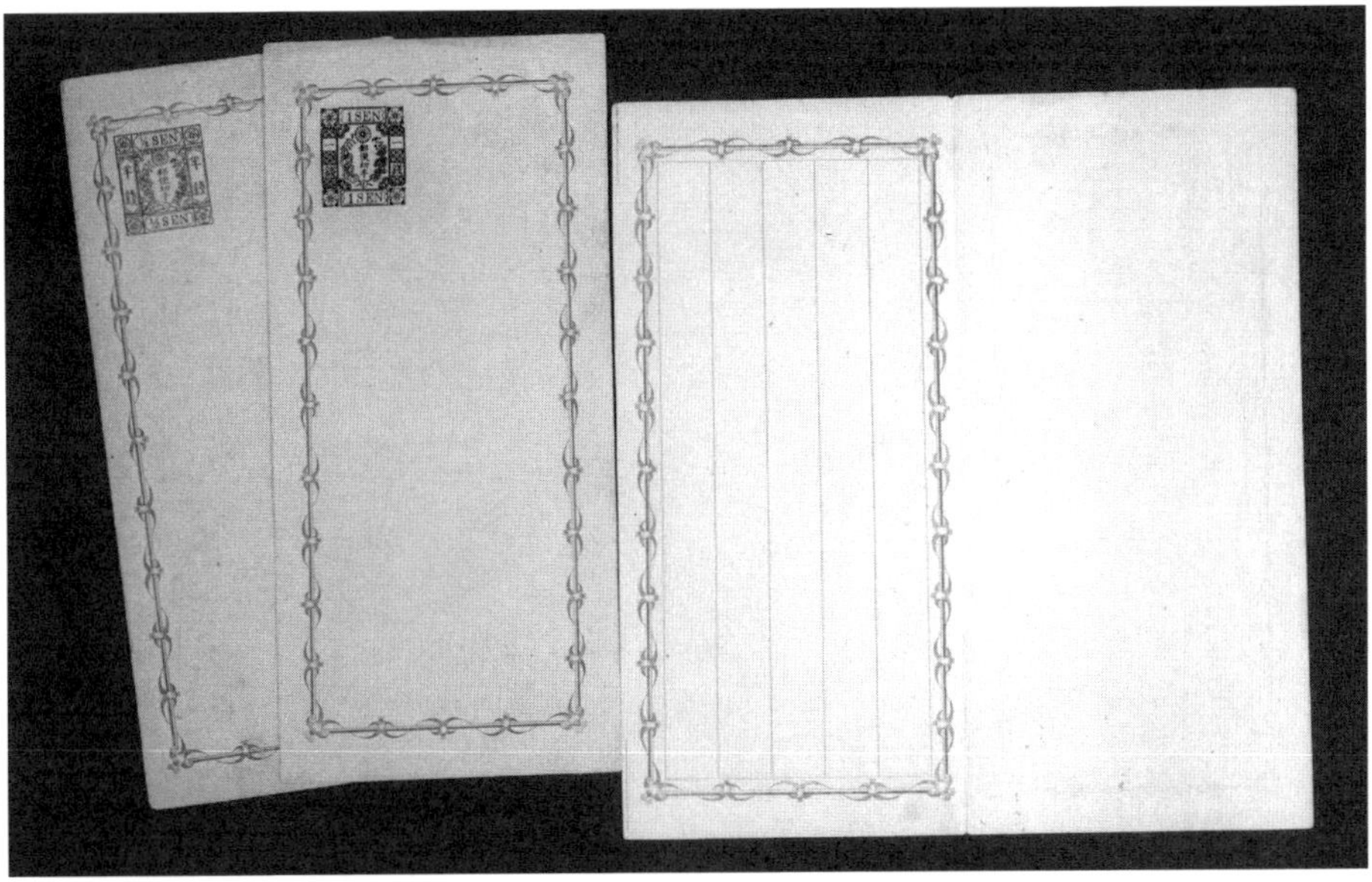

密の人生と、生きた時代

密の人生におきた出来事を見ていきましょう。
どんな時代、どんな社会を生きたのでしょうか。

時代	西暦	年齢	密の出来事	世の中の出来事
江戸	一八三五	0歳	越後国《えちごのくに》（いまの新潟県《にいがたけん》）で生まれる。幼名《ようみょう》は房五郎《ふさごろう》	
	一八三九	四歳	母とともに高田《たかだ》に移る	
	一八四二	七歳	母とともに糸魚川《いといがわ》に移り、おじの相沢《あいざわ》に養《やしな》われ、医学を志《こころざ》す	
	一八四五	十歳	母と別れ、高田《たかだ》で、儒学者《じゅがくしゃ》の倉石《くらいし》の塾《じゅく》で学ぶ	
	一八四七	十二歳	オランダ医学を学ぶため江戸《えど》に出る	
	一八四八	十三歳	幕府《ばくふ》の医師《いし》、添田《そえだ》の薬室生《やくしつせい》になる。のちに幕医《ばくい》の長《なが》尾《お》家の食客になる	フランスでナポレオンが大統領《だいとうりょう》に就任《しゅうにん》する
	一八五三	十八歳	井戸石見守《いどいわみのかみ》の供《とも》として、浦賀《うらが》に行く	ペリーが浦賀《うらが》に来航《らいこう》

江戸			
一八五四	十九歳	国防考察《こくぼうこうさつ》のため、日本各地の港湾《こうわん》を見て回る	日米和親条約締結《にちべいわしんじょうやくていけつ》
一八五五	二十歳	岩瀬忠震に出会い、英語を学ぶ必要性《ひつようせい》を感じる 英語のほか西洋砲術《ほうじゅつ》、数学なども学ぶ	日露和親条約締結《にちろわしんじょうやくていけつ》
一八五七	二十二歳	竹内卯吉郎に機関学《きかんがく》を学ぶ。竹内の援助《えんじょ》で軍艦教授所《ぐんかんきょうじゅしょ》に入り、見習生として観光丸《かんこうまる》に乗船する	
一八五八	二十三歳	東北海岸の旅を経《へ》て、箱館《はこだて》に行く 巻退蔵《まきたいぞう》と改名《かいめい》	日米修好通商条約調印《にちべいしゅうこうつうしょうじょうやく》 安政《あんせい》の大獄《たいごく》
一八五九	二十四歳	箱館丸《はこだてまる》で、約七か月の航海《こうかい》実習をし、翌年《よくとし》、約三か月の航海《こうかい》をした後、江戸《えど》に帰る	
一八六二	二十七歳	長崎《ながさき》で宣教師《せんきょうし》ウイリアムズなどから英語や数学を学ぶ ウイリアムズからアメリカの郵便制度《ゆうびんせいど》について聞く	
一八六三	二十八歳	何礼之《がれいし》にしたがい江戸《えど》に出て、洋行をくわだてるが、かなわず、長崎《ながさき》に帰る	アメリカ大統領《だいとうりょう》リンカーンが奴《ど》隷解放宣言《れいかいほうせんげん》を発表
一八六四	二十九歳	苦学生のための私塾《しじゅく》、培社《ばいしゃ》を開く	
一八六五	三十歳	薩摩藩士《さつまはんし》となり、鹿児島開成《かごしまかいせい》学校で英語を教える 兄の死去《しきょ》の知らせで郷里に帰る	オーストリアのメンデルが「遺《い》伝《でん》の法則《ほうそく》」を発表

時代	西暦	年齢	密の出来事	世の中の出来事
江戸	一八六六	三十一歳	江戸《えど》に出て、幕臣《ばくしん》の前島錠次郎《まえじまじょうじろう》の家をつぐ 前島来助《まえじまらいすけ》（輔）に改名《かいめい》 「漢字御廃止之儀《かんじおんはいしのぎ》」を将軍徳川慶喜《しょうぐんとくがわよしのぶ》に提出《ていしゅつ》する 奈何《なか》（仲子《なかこ》）と結婚《けっこん》する	薩長同盟《さっちょうどうめい》が結《むす》ばれる 徳川慶喜《とくがわよしのぶ》が十五代将軍《しょうぐん》となる
	一八六七	三十二歳	開成所教授《きょうじゅ》になる。 神戸《こうべ》開港にともない神戸《こうべ》に行き、港の事務《じむ》にあたる	大政奉還《たいせいほうかん》が行われる 王政復古《おうせいふっこ》の大号令 辞官《じかん》・納地《のうち》が行われる
明治	一八六八	三十三歳	江戸《えど》にもどる 大久保利通《おおくぼとしみち》に江戸遷都《えどせんと》を建言《けんげん》する 駿河藩《するがはん》（静岡県《しずおかけん》）公用人になる	鳥羽伏見《とばふしみ》の戦《たたか》いを機《き》に戊辰戦争《ぼしんせんそう》が始まる 江戸《えど》を東京《とうきょう》と改称《かいしょう》し、年号を明《めい》治《じ》に
	一八七〇	三十五歳	鉄道建設《てつどうけんせつ》のための「鉄道憶測《てつどうおくそく》」を作成《さくせい》する 租税権正《そぜいごんのかみ》になり、駅逓権正《えきていごんのかみ》を兼任《けんにん》する 東海道の宿駅を利用《りよう》した新式郵便制度《ゆうびんせいど》を立案《りつあん》 イギリスで公務《こうむ》の合間に郵便《ゆうびん》事業を学ぶ	
	一八七一	三十六歳	イギリスから帰国し、駅逓《えきてい》頭になる	郵便創業《ゆうびんそうぎょう》 廃藩置県《はいはんちけん》
	一八七二	三十七歳	駅逓《えきてい》頭兼任《けんにん》で大蔵省《おおくらしょう》四等出仕になる 郵便報知《ゆうびんほうち》新聞の創刊《そうかん》に関わる 陸運元会社（現在《げんざい》の日本通運株式会社《にほんつううんかぶしきがいしゃ》）の設立《せつりつ》に関わる	新橋《しんばし》・横浜《よこはま》間に鉄道開通

明治	一八七五	四十歳	郵便《ゆうびん》為替《かわせ》、郵便《ゆうびん》貯金《ちょきん》の取りあつかいを開始する	
明治	一八八〇	四十五歳	駅逓総官《えきていそうかん》になる	
明治	一八八一	四十六歳	駅逓総官《えきていそうかん》を辞《じ》して、大隈重信《おおくましげのぶ》らと立憲改進党結成《りっけんかいしんとうけっせい》に力をつくす（結党《けっとう》は一八八二年）	板垣退助《いたがきたいすけ》が党首《とうしゅ》となり、自由党《じゆうとう》が結成《けっせい》される
明治	一八八七	五十二歳	東京専門《せんもん》学校（早稲田《わせだ》大学の前身）校長になる 関西鉄道株式《かんさいてつどうかぶしき》会社社長になる	
明治	一八九〇	五十五歳	電話の交換《こうかん》業務を開始する	第一回衆議院議員総選挙《しゅうぎいんぎいんそうせんきょ》 北里柴三郎《きたさとしばさぶろう》が破傷風血清療法《はしょうふうけっせいりょうほう》を発見する
明治	一九〇〇	六十五歳	国語調査《ちょうさ》委員長になる	津田梅子《つだうめこ》が「女子英学塾《えいがくじゅく》」（現在の津田塾《つだじゅく》大学）を開校する
明治	一九〇一	六十六歳	東京盲唖《もうあ》学校商議委員になる	ノーベル賞《しょう》が創設《そうせつ》される
明治	一九〇二	六十七歳	男爵《だんしゃく》を贈《おく》られる	日本とイギリスの間で日英同盟《にちえいどうめい》が結《むす》ばれる
明治	一九一〇	七十五歳	貴族院議員《きぞくいんぎいん》を辞任《じにん》、ほとんどの職を辞《じ》す	
大正	一九一九	八十四歳	亡《な》くなる	

博物館《はくぶつかん》・記念館《きねんかん》へ行こう

前島密のことや郵便《ゆうびん》のことなど、さまざまな展示《てんじ》が見られます。資料《しりょう》の保存《ほぞん》や管理《かんり》の役割《やくわり》もはたしています。

郵政博物館《ゆうせいはくぶつかん》

郵便《ゆうびん》および通信に関する収蔵品《しゅうぞうひん》を展示《てんじ》・紹介《しょうかい》する博物《はくぶつ》館《かん》。さまざまな企画展《きかくてん》も開催《かいさい》される。

〒131-8139　東京都墨田区押上 1-1-2
東京スカイツリータウン・ソラマチ 9F
TEL: 03-6240-4311
開館時間：午前１１時から午後４時まで
休館日：当面の間　土、日および祝休日
https://www.postalmuseum.jp

前島記念館《きねんかん》

生家の跡《あと》に建《た》てられた記念館《きねんかん》。パネル展示《てんじ》や当時の手紙や絵など、多くの資料《しりょう》と遺品《いひん》で紹介《しょうかい》している。

〒943-0119　新潟県上越市下池部 1317-1
TEL:025-524-5550
開館時間：午前９時から午後４時まで
休館日：月曜日（祝日・振替休日の時は翌火曜日が休館）
年末年始 (12 月 29 日～１月３日）
https://www.postalmuseum.jp/guide/maeshima.html

資料提供・協力

郵政博物館

前島記念館

東京都江戸東京博物館

東京都歴史文化財団イメージアーカイブ

参考資料

『前島密』（山口修・著　吉川弘文館・人物叢書）

『知られざる前島密』（小林正義・著　郵研社）

『みんなの郵便文化史』（小林正義・著　株式会社にじゅうに）

『前島密　前島密自叙伝』（前島密・著　日本図書センター）

『前島密　創業の精神と業績』（井上卓朗・著　株式会社・鳴美）

『前島密一代記』（資料図書第53号　郵政研究所附属資料館）

『郵政博物館　公式ガイドブック』（日本郵趣出版）

郵政博物館ホームページ　https://www.postalmuseum.jp/

著者紹介

作者

鈴木悦子（すずき　えつこ）

1950年生まれ。日本ペンクラブ理事。早稲田大学卒業後、小学館のフリーライター・編集者として、『学習まんが日本の歴史』（全22巻）、『同・人物日本の歴史』（全25巻）の編集・時代考証に携わる。教育分野では小学館の教育雑誌『総合教育技術』に取材記事を連載。

歴史分野では『週刊・日本の城』（デアゴスティーニ）の連載、『ピクトリアル江戸』（学研）など幅広く執筆活動をしている。著書は『タテ割り日本史2・衣服の日本史』（講談社）。

画家

石井勉（いしい　つとむ）

1962年生まれ。絵本の作品に『なつのかいじゅう』（ポプラ社）、『わたしのゆきちゃん』（童心社）、『子どもたちの日本史（全5巻）』『妖怪の日本地図（全6巻）』（ともに大月書店）、『カブトムシのなつ』（文研出版）、『おひさまえんのさくらのき』（文・あまんきみこ、あかね書房）、『きんたろう』（文・堀切リエ、子どもの未来社）など、挿絵の作品に、『またおいで』（作・森山京、あかね書房）などがある。この「伝記を読もう」シリーズでは、『田中正造』（文・堀切リエ）『伊能忠敬』（文・たからしげる）を担当している。

企画・編集

野上　暁（のがみ　あきら）

日本ペンクラブ常務理事、JBBY副会長、東京純心大学こども文化学科客員教授。

装丁　白水あかね
編集協力　奥山修

伝記を読もう　２３

前島密
郵便で日本の人びとをつなぐ

2021年４月　初　版
2022年４月　第２刷

作　者　鈴木悦子
画　家　石井　勉

発行者　岡本光晴
発行所　株式会社 あかね書房
〒101-0065　東京都千代田区西神田 3-2-1
電話　03-3263-0641（営業）　03-3263-0644（編集）
https://www.akaneshobo.co.jp
印刷所　図書印刷 株式会社
製本所　株式会社 難波製本

NDC289　144p　22cm　ISBN 978-4-251-04624-6

伝記を読もう

人生っておもしろい！
さまざまな分野で活躍《かつやく》した人たちの、
生き方、夢《ゆめ》、努力《どりょく》…… 知ってる？

❶ **坂本龍馬《さかもとりょうま》**
世界を夢《ゆめ》見た幕末《ばくまつ》のヒーロー

❷ **豊田喜一郎《とよだきいちろう》**
自動車づくりにかけた情熱《じょうねつ》

❸ **やなせたかし**
愛《あい》と勇気《ゆうき》を子どもたちに

❹ **伊能忠敬《いのうただたか》**
歩いて作った初《はじ》めての日本地図

❺ **田中正造《たなかしょうぞう》**
日本初《はつ》の公害《こうがい》問題に立ち向かう

❻ **植村直己《うえむらなおみ》**
極限《きょくげん》に挑《いど》んだ冒険家《ぼうけんか》

❼ **荻野吟子《おぎのぎんこ》**
日本で初《はじ》めての女性医師《じょせいいし》

❽ **まど・みちお**
みんなが歌った童謡《どうよう》の作者

❾ **葛飾北斎《かつしかほくさい》**
世界を驚《おどろ》かせた浮世絵師《うきよえし》

❿ **いわさきちひろ**
子どもの幸せと平和を絵にこめて

⓫ **岡本太郎《おかもとたろう》**
芸術《げいじゅつ》という生き方

⓬ **松尾芭蕉《まつおばしょう》**
俳句《はいく》の世界をひらく

⓭ **石井桃子《いしいももこ》**
子どもたちに本を読む喜《よろこ》びを

⓮ **円谷英二《つぶらやえいじ》**
怪獣《かいじゅう》やヒーローを生んだ映画監督《えいがかんとく》

⓯ **平賀源内《ひらがげんない》**
江戸《えど》の天才アイデアマン

⓰ **椋《むく》　鳩十《はとじゅう》**
生きるすばらしさを動物物語《どうぶつものがたり》に

⓱ **ジョン万次郎《まんじろう》**
海をわたった開国の風雲児《ふううんじ》

⓲ **南方熊楠《みなかたくまぐす》**
森羅万象《しんらばんしょう》の探究者《たんきゅうしゃ》

⓳ **手塚治虫《てづかおさむ》**
まんがとアニメでガラスの地球《ちきゅう》を救《すく》え

⓴ **渋沢栄一《しぶさわえいいち》**
近代日本の経済《けいざい》を築《きず》いた情熱《じょうねつ》の人

㉑ **津田梅子《つだうめこ》**
日本の女性《じょせい》に教育で夢《ゆめ》と自信を

㉒ **北里柴三郎《きたざとしばさぶろう》**
伝染病《でんせんびょう》とたたかった不屈《ふくつ》の細菌《さいきん》学者

㉓ **前島《まえじま》　密《ひそか》**
郵便《ゆうびん》で日本の人びとをつなぐ

㉔ **かこさとし**
遊びと絵本で子どもの未来を